Autocontrol hacia el éxito

-Deja de ser el felpudo-

Phillip A. Johansen

Editorial Anuket

Contenido:

Introducción

Las personas que no tienen control sobre sus vidas a menudo se sienten desesperadas y sin valor. Les parece que no tienen ninguna capacidad para cambiar sus circunstancias y se ven a sí mismos como meros espectadores en la vida en el lugar de actores activos. Esta sensación de impotencia puede ser debilitante y llevar a la depresión, la ansiedad y otros problemas mentales.

Una de las razones principales por las que algunos no tienen control sobre sus vidas es debido a la falta de confianza en sí mismas o a su baja autoestima. Este tipo de personas, que por cierto abundan, pueden sentir que no son lo suficientemente buenas o capaces para lograr sus metas y deseos. Esto puede ser el resultado de una variedad de factores, como una educación negativa, severa o experiencias traumáticas en la infancia. Esta falta de confianza en sí misma puede llevar a cabo un ciclo de pensamientos negativos, donde la persona se convence internamente que no puede hacer nada para cambiar su situación, y termina enrollándose como un bicho bolita para evitar los comentarios en su contra que lastimen aún más su débil personalidad.

En términos monetarios, no es raro que terminen en un trabajo que odian, pero que les asegura su sustento, sin la mínima posibilidad de tomar riesgos para alcanzar la felicidad haciendo lo que sueñan. En cuanto a las relaciones amorosas, si es mujer, tratará de mantenerse alejada de las relaciones, se comprometerá, depositará por demás sus caudales afectivos en esa pareja, y no se permitirá salir de la relación si las cosas no pintan como deben ser. Si es hombre, será un felpudo ante las mujeres más hábiles, ya que le será imposible tratarlas de igual a igual; y en vez de respeto y admiración equilibrada, solo les tendrá miedo. Ambos géneros, en estas situaciones, terminan siendo unos celosos en potencia.

Otra razón por la cual algunas personas no tienen control sobre sus vidas es debido a la dependencia de otras personas. Pueden depender de amigos o familiares para tomar decisiones importantes por ellos o buscar su aprobación constante. Esto puede ser debilitante ya que les impide ser independientes y tomar decisiones por sí mismos. Además, pueden sentirse usados y abusados por los demás, ya que están constantemente buscando su aprobación y ayuda.

Por otro lado, algunas personas pueden sentirse usadas por sus jefes laborales o en sus relaciones románticas, quienes solo lo utilizan para satisfacer las necesidades del otro y que no son valorados por quienes aman. Esto puede llevar a la sensación de que no tienen control sobre sus vidas y que no tienen valor.

La falta de control sobre la vida también puede ser el resultado de una variedad de factores externos. Pueden sentir que no tienen control sobre su salud, su seguridad financiera o su entorno. Pueden sentirse atrapados en una situación de vida difícil, como una deuda o un matrimonio infeliz, y no ven una salida. Esto puede llevar a una sensación de impotencia y desesperación.

Para rencausar el control sobre la vida, es importante que las personas que se sienten sin valor y usadas, busquen ayuda, dando el primer paso, admitiendo "¡Esto no va más!". Esto puede incluir trabajar con un terapeuta o consejero para trabajar en la confianza en sí mismo y la autoestima. También puede ser útil aprender habilidades para tomar decisiones y ser independiente. Es importante aprender a decir "no" a aquellos que pueden estar explotando y buscar apoyo de amigos y familiares confiables.

En este libro exploraremos los caminos para sentirnos felices, útiles y orgullosos de nosotros mismos.

Capítulo 1
En búsqueda de la felicidad

El narcisismo es un trastorno de personalidad caracterizado por una excesiva autoestima y una necesidad constante de atención y admiración. La necesidad de amarse a uno mismo, por otro lado, es una característica sana de la autoestima, que implica tener una opinión positiva y cuidar de uno mismo física y emocionalmente. El narcisismo es excesivo e inusual, mientras que la necesidad de amarse a uno mismo es normal y necesaria para una buena salud mental y alcanzar la felicidad.

Muchas personas exitosas viven sus vidas de la manera que quieren. Trabajan duro y hacen lo que aman. Hay muchas razones para esto. Cuanto más ames lo que haces, más duro trabajarás para poder seguir haciendo lo que amas. Si te sientes aburrido con tu vida o que no estás haciendo lo que deberías hacer, es hora de hacer un cambio. Puede haber obstáculos o miedos que te impidan alcanzar tus metas en la vida; pero es hora de superarlos y hacer tus sueños realidad.

Imagina tu vida alcanzando tus sueños. ¿Te ves triste, agotado? ¡No! te verás fuerte, feliz y seguro. Ya no ahuyentarás a tu entorno, serás un imán, porque todos querrán contagiarse de tu éxito.

Muchos no están muy seguros de cuál es su verdadera pasión. Quieren trabajar duro para alcanzar triunfos... como otros, pero simplemente no están seguros de que lo puedan lograr. Encontrar tu pasión es posible y requiere una exploración profunda dentro de ti mismo. Tu pasión puede estar justo frente a ti sin que te des cuenta.

Con cada pasión tienes una oportunidad de ganar dinero... o simplemente de disfrutar la vida. Solo depende del camino que tengas que tomar para que esto suceda. No te sientes a la espera de que el éxito toque tu puerta, ni menos quédate inmóvil quejándote o celando a los que lo han conseguido ¡Haz algo por tu porción de torta! Si crees que evitar tu pasión es lo correcto, porque no se puede ganar la vida con ella, te digo que la máxima siempre ha sido "Si usted es bueno en algo, cobre por ello", por lo que seguramente, si se hace experto en lo que le apasiona, seguramente requerirán de sus servicios.

Si no eres una persona feliz, esa es tu elección. Pero recuerda... tienes control total sobre tu vida y las decisiones que tomas.

Hay muchos factores con los cuales las personas miden la felicidad. Algunos, si no la mayoría, piensan que el dinero es la felicidad, pero lo que hacen todos los días para ganarlo los hace miserables. Puedes mirar a las personas que tienen absolutamente todo y luego tratar de ser como ellos. Puedes ansiar tener sus riquezas, propiedades, estatus o incluso sus posiciones laborales, pero esas cosas no traen felicidad. La felicidad es una opción. Hay muchas personas que tienen riqueza y estatus y son completamente miserables, ¿por qué?

El dinero no es la clave del éxito; la libertad para poder crear lo es - Nelson Mandela.

No importa si son solteros, casados o divorciados, el nivel de estudio ni la raza; o lo que sea, no depende de lo que la mayoría indique como ingredientes de la felicidad, ya que este sentimiento es individual y se genera desde adentro. Pueden y existen personas que tienen una habilidad especial para ganar dinero y son reconocidos en su campo laboral, pero están inmersos en un trabajo que odian, y por ello se deprimen o viven con mal humor. La felicidad es subjetiva

Hay cosas subjetivas en la vida que pueden hacerte feliz. Son subjetivas porque la felicidad de cada uno es diferente. Con atracciones como la montaña rusa y el puenting, puedes encontrar alegría y felicidad en tu búsqueda de emociones. Para aquellos con acrofobia que nunca pondrán un pie en un tobogán o saltarán valientemente desde un puente de cuerda bungee, ese tipo de emoción es más que una tortura. Cada uno busca la felicidad a su manera. Lo que te hace feliz es lo que para ti vale la pena buscar. No hay nada de malo en hacer lo que te da alegría. Puede que te digan que estás loco, pero eso es subjetivo.

Felicidad natural

Es cierto que algunas personas nacen para ser felices. Esto está probado por la predisposición genética. Esto no significa que, si no eres una persona naturalmente feliz, eres intrínsecamente miserable. Tu felicidad está influenciada por tus genes, pero no es un factor determinante ni definitivo.

Si no eres una persona naturalmente feliz, puedes cambiar tu forma de pensar y sentir. La clave es cambiar la forma en que tu cerebro piensa y se comporta. Hay algunas cosas que puedes aprender a hacer todos los días para aumentar tu nivel de bienestar que te ayudarán a aprender a sonreír más y convertirte en una persona más feliz.

Dormir

El sueño es un factor importante si quieres ser una persona feliz. El sueño es necesario para que el cuerpo funcione correctamente. Cuando no duermes lo suficiente, te sientes deprimido, incapaz de pensar con claridad y hasta irritado. Es posible que hayas dormido 8 horas, y consideres que has tenido suficiente; pero el buen dormir depende de la calidad y no tanto de la cantidad.

Algunas personas no pueden dormir bien con un tipo de almohada o de colchón. Los ronquidos de la pareja o los ruidos externos, suelen ser factores estresantes. El sueño es un factor importante y la falta de él también puede conducir a problemas de salud.

Si duermes mal y has determinado que la falta de sueño es la causa de tus problemas durante el día, debes abordar el problema. Es posible que debas cambiar tu horario para acostarte más temprano. También un cambio en la dieta nocturna, o simplemente alertar a otros miembros de la familia para que te ayuden alcanzar la tranquilidad o simplemente repartirse las tareas hogareñas para no llegar a la noche tan estresado.

Si tienes problemas para conciliar el sueño y das vueltas y vueltas toda la noche mirando tu despertador, podría significar muchas cosas diferentes. Algunas personas están tan deprimidas que les impide dormir.

Hacer ejercicio

El ejercicio es excelente para tu cuerpo y ayuda a que tu cerebro libere endorfinas, lo que te hace feliz. El ejercicio es importante para la salud en general. Esto no significa que tengas que entrenar a una intensidad alta todos los días. Sin embargo, debes tratar de sudar todos los días. Puedes hacer un gran ejercicio simplemente limpiando la casa y haciendo tareas regulares. No se trata de perder peso. Se trata de crear felicidad.

Meditación

Practicar la meditación no significa que pertenezcas a una secta o que estés haciendo algo religiosamente incorrecto para tu dogma. Mucha gente asocia la meditación con el budismo, y por no comulgar con esa doctrina, no la practica. La meditación es una herramienta terapéutica que aporta equilibro interno en la persona.

La meditación es una de las formas más efectivas de cambiar el bienestar subjetivo. Los médicos han demostrado que la meditación crea actividad en el lado izquierdo del cerebro, lo que genera emociones positivas en el cuerpo.

Preguntas que debes hacerte

Cuando quieres encontrar tu verdadera pasión, es porque buscas la felicidad en tu vida, o porque hay un vacío que deseas llenar. Surgen dudas, que pueden resolverse de antemano si te haces varias preguntas que señalaré a continuación.

Al responder cuidadosamente estas preguntas, aprenderás más sobre ti mismo y lo que podría estar impidiéndote ser feliz. Es posible que desees utilizar un cuaderno para responderlas, o simplemente anotar lo que tienes en mente. Por lo general, es mejor escribir la respuesta.

• ¿Qué es lo que realmente te motiva y te hace involucrarte?
Esta pregunta puede ser un poco difícil de responder, pero puedes encontrar la respuesta siguiendo el resto de las preguntas. Sin embargo, debes ser muy consciente de dónde obtiene tu inspiración.

• ¿Qué tipo de cosas encuentras divertidas y emocionantes?

• Si no te permites fallar, ¿qué harías?

Muchas personas no hacen nada porque tienen miedo al fracaso o porque han fracasado en el pasado. Si hubiera algo que harías sabiendo que no hay posibilidad de fracaso o que no te afectaría ¿qué sería?

• ¿Qué harías si debes volver al principio?
Muchas personas se encuentran en situaciones en las que no consiguen lo que quieren. Van a trabajar en algo que no les gusta, solo porque temen perder lo poco que tienen. Pero, si debieras empezar de nuevo, ¿harías algo distinto o volverías a dónde estabas?

• ¿Qué quieres hacer?
Si el dinero no fuera un problema, ¿qué harías? Muchas personas tienen sueños que quieren alcanzar, pero nunca intentan lograrlos porque no pueden permitirse el lujo de empezar. Piensa en lo que te gustaría hacer si tuvieras el dinero, puede ser cualquier cosa.

• ¿Cuál es tu más grande sueño?
Si tienes un gran sueño, ¿cuál es? Tiene que ser algo que realmente quieras hacer y con lo que sueñes. Piénsalo y concéntrate en ello.

• ¿Cuál es el mayor obstáculo que te impide realizar tus sueños?
Nombra todas las cosas que te impiden seguir tus grandes sueños. Estas cosas pueden ser personas que no te apoyan, dinero, miedos y otras cosas. Se pueden superar muchos tipos diferentes de obstáculos. Es posible que no veas las posibilidades o el éxito de tus sueños, o que te preocupe que la gente se burle de ti. Incluso puedes ser inexperto y carecer de talento, ¿son solucionables?

• 	¿Qué pasiones tienes miedo de experimentar o admitir? Muchas personas tienen sueños y pasiones de las que tienen miedo de hablar por temor a que los demás se burlen de ellos. Cuando eras niño, ¿qué querías ser realmente? ¿Todavía te preguntas cómo habría sido si hubieras perseguido tus fantasías de niño? Si tuvieras la oportunidad, ¿perseguiría ese sueño hoy?

• 	Si sabes que morirás en un futuro cercano, ¿qué te arrepentirías de no haber hecho?
Muchas personas se arrepienten cuando atraviesan una gran enfermedad. Para muchos, a menudo es demasiado tarde para volver atrás y cambiar lo que se perdió, lamentándose de no tener la oportunidad de haber vivido de manera diferente. ¿De qué te arrepentirías si tu médico te dijera que solo te quedan algunas semanas de vida? ¿Qué harás antes de que se acabe el tiempo?

Ahora que has respondido estas preguntas, deberías tener una buena idea de algunas de las cosas que te hacen feliz y que pueden hacer realidad tus quimeras. Debes tener una visión clara de lo que siempre has soñado. Piensa en lo que harías con el dinero si ganaras la lotería. ¿Cómo te tratarías a ti mismo? Es muy importante saber estas cosas.

Experiencia superior y talento existente

Cuando piensas en progresar y hacer algo al respecto, tus habilidades son muy importantes. Debes considerar las mejores experiencias y los talentos existentes que puedes utilizar para capitalizar tus sueños. También puedes ayudar a desarrollar la confianza que necesitas para tener éxito.

Tus mejores experiencias incluyen los momentos de tu vida en los que sobresaliste. No tienes que haber ganado un premio, simplemente haberte lucido con alguna destreza. Estas aventuras definitivas incluyen algunos de los mejores momentos en tu historia. ¿Hay cosas en tu vida que realmente disfrutas y quieres volver a hacer? Piensa en algunos de los logros que ya ha alcanzado.

Los talentos existentes que tienes hoy pueden usarse para ayudarte a alcanzar tus metas. ¿Eres bueno en organización o marketing? Puedes ser bueno en algo en lo que ni siquiera sabías que eras bueno. Estos pueden ser anunciar un evento, hacer una llamada telefónica, hornear, hacer jardinería y más. No tienes que ser un experto. Probablemente sepas sobre algo que realmente te gusta. Quizás te interese la lectura, ¿es tu pasión oculta? Hoy a miles de posibilidades en internet para ofrecer los servicios en línea. Y si le tienes miedo a la falta de capacitación, recuerda que hoy ya abundan suficientes plataformas de inteligencia artificial para ayudarte en el proceso, sólo depende de tu voluntad y creatividad.

Podemos crear "grandes momentos en nuestra vida" desempolvando nuestras pasiones y llevarlas a la práctica. Tal vez alguna vez fuiste corredor y siempre quisiste ganar el maratón de Nueva York, pero ahora fumas y renunciaste a ese sueño. Eso no significa que no puedas volver a ponerte en forma y hacer realidad tu pasión por correr, aunque sepas que no alcanzarás el nivel soñado, o sí. Quizás logres ser el mejor en una categoría diferente.

Todos somos buenos en algo. Si no tienes pasatiempos como hacer velas, collares o reparar naves espaciales los fines de semana, no significa que no tengas habilidades. Simplemente significa que aún no te has dado cuenta de cuáles son. Necesitas saber qué es lo que más te interesa. La mayoría de las personas son bastante buenas en lo que hacen cuando les gusta.

Usa la curiosidad y la creatividad.

Una cosa muy importante es la curiosidad, porque es la base de la pasión. Tu conservadurismo evitar que te des cuenta en dónde se encuentra tu verdadera pasión. Existen maneras para usar tu curiosidad e identificar cuál es tu verdadera pasión y que tengas éxito con ella:

• **Activa tu mente**
La curiosidad ayuda a desarrollar una mentalidad activa. Cuando alguien tiene curiosidad, siempre está haciendo preguntas y buscando respuestas. Mantén tu mente activa la mayor parte del tiempo. Cuando eres curioso y trabajas duro, la amplificas. Tu cerebro es como un gran músculo y puedes fortalecerlo haciendo ejercicio.

Cuando algo es lo suficientemente importante, lo haces incluso si las probabilidades de que salga bien no te acompañan - Elon Musk

- **Estate abierto a nuevas ideas**

La curiosidad también te permite ver cómo son las cosas desde una perspectiva diferente. Cuando solo te fijas de una manera, las cosas se limitan porque tu mente no quiere aceptar soluciones diferentes. Es muy similar a tu vida. Si no ves que tu vida se vuelve más exitosa de lo que es, entonces no será exitosa. Si puedes abrir los ojos a nuevas ideas sobre cómo funcionan las cosas, estarás más dispuesto a probarlas. La belleza de la curiosidad es que cuando las ideas vienen a la mente, se identifican en lugar de ignorarlas. Cuando no tienes curiosidad, pierdes ideas importantes porque no estás preparado para ellas. También significa que debes estar abierto a sugerencias. Mucha gente te da información que quizás no quieras escuchar y por eso las ignoras. Estate abierto a los consejos, y permítete hacer más preguntas y buscar diferentes respuestas.

- **Abre nuevas posibilidades**

Cuando estás abierto a nuevas sugerencias, también verás el panorama general en casi todas las situaciones. Tu mundo se abrirá a nuevos horizontes de posibilidades porque serás curioso. No volverás a ver las cosas como hoy.

Se necesita la mente más curiosa para mirar más allá de la vida normal y ver lo que hay debajo de la superficie. Estos son mundos y posibilidades que puedes traer a la vida. Tienes control total sobre tu mente inquisitiva.

- **Emociónate**

Si estás aburrido de la vida, tal vez no sientas curiosidad. La curiosidad traerá emoción a tu vida porque quieres ver cosas. Siempre hay algo nuevo para llamar tu atención y muchos juguetes y artilugios que te encantarán.

Escoge un trabajo que te guste, y nunca tendrás que trabajar ni un solo día de tu vida - Confucio

Cuando eres curioso, eres aventurero, y agregar aventuras a tu vida es muy divertido. Esto no significa que tengas que ir a África. Esto significa que tienes que mirar a tu alrededor y ver qué está pasando más de lo habitual. Investiga y descubre por qué las cosas funcionan. Sé curioso y abierto a cosas nuevas en lugar de seguir la misma rutina aburrida todos los días.

Cultivar la curiosidad

Si crees que tienes curiosidad, pero haces lo mismo todos los días, básicamente estás aburrido de la vida. Puedes cultivar la curiosidad para ayudarte a convertirte en una persona más emocionante para ver qué tipo de vida puedes tener. Si tienes curiosidad y realmente quieres saber cómo será tu vida cuando hagas realidad tus pasiones, es más probable que las hagas realidad. Lo mejor es mantener la mente abierta al cultivar la curiosidad. Trata de ver las cosas desde un punto de vista diferente. Piensa en diferentes versiones de las cosas y cómo podrían terminar.

Otra cosa que se debes hacer cuando se cultiva la curiosidad es nunca dar las cosas por sentadas. Mucha gente acepta las cosas como son. Nunca profundizan, pierden toda su curiosidad y entusiasmo. Sé diferente, sigue haciéndote preguntas. Hacer preguntas es importante para fomentar la curiosidad.

¿A quién le importa lo que los demás piensen de ti? Trabajas contigo y tienes que ser curioso. Esto te permitirá meterse debajo de la superficie de lo cotidiano. Pregunta cómo funcionan las cosas y cómo hacen las personas para relacionarse y ser exitosas. Aprende todo lo que puedas, sobre todo. No solo entrenas tu cerebro, sino que también aprendes cosas nuevas y desarrollas tu comprensión. Aprenderás por qué la gente hace lo que hace. Si bien puedes hacer algo de una manera, las personas pueden optar por hacerlo de otra forma.

Nunca sientas nada aburrido. Si te piden que hagas algo con otra persona y crees que suena fastidioso, debes abordarlo como si fuera realmente divertido. Las cosas solo son aburridas cuando tú decides que lo son. Cuando etiquetas una actividad o tarea como pesada, cierras completamente la puerta a algo que podrías disfrutar. Además, puedes encontrar maneras de hacer que las actividades aburridas sean divertidas.

Trata el aprendizaje como divertido. Probablemente tengas mucho que aprender sobre tu pasión. Es posible que hayas dejado tu pasión en suspenso porque requería que tomaras algunas clases. Hay personas que consideran que son demasiado mayores para aprender cosas nuevas y no les apasiona el compromiso de estudiar. Nunca se es demasiado mayor para aprender cosas nuevas. Lo mejor que puedes hacer es continuar tus estudios leyendo todo lo que puedas y aprender cosas interesantes. Nunca debes renunciar a tu pasión por aprender. Lo que debes hacer es tratar el aprendizaje como una experiencia divertida que te ayudará a lograr tus objetivos a largo plazo.

"No cuentes los días, haz que los días cuenten." Muhammad Ali

Ser curioso es aprender. Eres un aprendiz de por vida y aprendes algo nuevo todos los días. Entonces, si tienes que tomar una clase o leer un libro para comprender algo nuevo, acércate con una nueva actitud emocionada y divertida. Si te resulta difícil estudiar, pon esfuerzo y aprenderás más. Leer sobre cosas nuevas es otra forma de satisfacer y fomentar la curiosidad.

Es posible que desees concentrarse en una sola cosa, pero estate abierto a tantos temas y cosas diferentes como sea posible cuando leas. Esto puede ayudarte a desarrollar aún más la curiosidad. Si descubres que amas una cosa, es posible que hayas encontrado tu pasión.

Promover la creatividad: ¿Crees que no eres una persona creativa? De hecho, puedes pensar que eres creativo, pero no lo eres en absoluto. Si quieres vivir y perseguir tus pasiones, tienes que ser creativo. Tienes que ser original saltando obstáculos y hacer que las cosas sucedan de diferentes maneras. Cuanto más creativo seas, más éxito tendrás en la vida.

Aquí hay algunas maneras con las que puedes darle vida a tu creatividad:

• **Haz de la creatividad un juego en todo lo que haces.** Cuando encuentres la situación, instala reglas. Considera objetivos y obstáculos estratégicos o restricciones sobre el problema. Cuanto más creativo seas con estas estrategias, mejor.

• **Cuando eres creativo, también necesitas establecer metas**. Los objetivos tienen plazos y es necesario establecerlos para la acción. Agregar fechas límite a las tareas en realidad las hace más interesantes. Tampoco querrás postergar demasiado.

• **La autoexpresión también es un aspecto muy importante**. Debes encontrar todas las oportunidades para expresarte de una manera creativa. No te limites a ser creativo, sino que aprovecha todas las oportunidades. Cuando buscas oportunidades para expresarte, eres creativo en el proceso.

Expresar tu creatividad puede ser la forma distinta de poner la cena en tu plato. Puedes optar por decorar tu plato con arándanos y guarniciones. Puedes cambiar la forma en que trabajas, modificando algunos hábitos. Piensa en cada actividad como una forma de expresarte y ser creativo. Cuando te concentras en una actividad, lo mejor que puedes hacer por ti mismo es bloquear las distracciones y el ruido. Cuando estás muy concentrado en una actividad, ves tus posibilidades y cualidades. Es realmente aburrido cuando no puedes prestar atención a nada. Una vez más, encuentra formas de hacerlo emocionante.

Cuando te dedicas a actividades aparentemente aburridas, debes pensar en ellas como piezas pequeñas en una imagen más grande. Necesitas ver el panorama general y todos los aspectos de la operación.

Empieza por tu casa

Si no puedes encontrar tu verdadera pasión, puedes empezar por tu hogar. Es posible que te des cuenta que tienes guardadas algunas colecciones iniciadas por ti, como una serie de objetos decorativos, revistas, juguetes etc. Echa un vistazo a tu casa y observa si hay alguna decoración que muestre cuál es tu verdadera pasión. Te sorprenderá lo rodeado de cosas que no conoces y que te describen. Si te gustan las historietas es posible que inicies un negocio con ellas, ya que no serás el único interesado.

Obstáculos:

Muchas personas saben exactamente cuál es su pasión, pero los obstáculos externos las frenan. Si tienes obstáculos que te impiden alcanzar tus sueños, entonces debes superarlos. Tienes control total sobre la barrera externa. ¿Qué puedes hacer al respecto?

- **Los otros**

El mayor obstáculo para la capacidad de una persona para perseguir sus pasiones es otra persona. Es muy común que alguien te exprese mensajes negativos y de frustración hacia tus ideas. Recuerda, esa persona está hablando de sus limitaciones, no de las tuyas.

Entonces puedes reírte de su opinión o ignorarla. Lo último que debes escuchar es una opinión externa negativa.

Si tienes pasión, mereces estar rodeado de personas que te apoyen. Alguien que no te apoya no es alguien que quieras porque solo te derribará. Eso es si los dejas. Los cónyuges de muchas personas no apoyan la pasión porque piensan que la idea es ridícula o que se avergonzarían de tu idea. No necesitas a una persona así cerca. Si dejas que tu cónyuge dicte tus pasiones, te estás limitando a ti mismo. Es importante dejarle claro a tu pareja que algo te apasiona y que necesitas su apoyo. Si tienes el apoyo adecuado, puedes hacer cualquier cosa. Si los miembros de la familia no brindan apoyo emocional, dificultan todo. Lo mejor que puedes hacer es hacerles saber que estás siguiendo tus sueños y que no se interpongan en tu camino. Es tu vida y deberías estar feliz con ella cuando llegue el momento. Es posible que tengas que poner en espera a las personas que no te apoyan hasta que descubran qué es lo que realmente te hace feliz.

- **Dinero**

El dinero es uno de los mayores obstáculos para la pasión humana. Es posible que seas un gran mecánico al que le gustaría abrir su propio taller, pero no has podido seguir adelante con la idea debido a los costos. El dinero puede ser un fuerte obstáculo. Hay muchas maneras de recaudar dinero para iniciar tu propio negocio o vivir una pasión que puede rendir mucho dinero. Lo mejor que puedes hacer es empezar a reducir los gastos en tu vida que no necesitas. Muchas de las formas en que puedes ahorrar se encuentran a tu disposición: no salir a comer todos los días a lugares caros. Prepara el almuerzo en tu casa. Considera tomar el autobús en lugar de conducir todos los días para no tener que pagar gasolina ni estacionamiento. Piensa en los muchos extras que realmente no necesitas. Puedes llegar comprar muchas cosas extras en el supermercado que ni siquiera comes, pero eso es porque siempre vas de compras cuando tienes hambre.

Siempre que ahorres dinero que normalmente gastarías en otras cosas, como el almuerzo en el trabajo, apártalo. Abre una cuenta de ahorros o compra una caja de seguridad para tu hogar y deposita el dinero en ella. No cuentes el dinero ni estés pendiente de él, es solo ahorro, no el propósito de tu vida. Recuerda, cada vez que agregas en la caja, estás un paso más cerca de vivir tu pasión.

Una cosa para recordar es que, al ser creativo con tu vida, puedes encontrar otras formas de ganar dinero extra por tus esfuerzos. También puedes encontrar una manera de comenzar a soñar sin costos iniciales. Si eso significa comenzar primero en casa, hay muchas maneras de iniciar tu propio negocio. Si te encanta hacer velas aromáticas y siempre has soñado con tener tu propia tienda, empieza online. Incluso puedes encontrar que tu negocio en línea es más exitoso que una tienda física.

El dinero es un obstáculo que se puede superar. Esta es la excusa más común que usan las personas para explicar por qué no pueden alcanzar sus sueños. Además, si tienes un cónyuge que te apoye, él/ella te ayudará a aliviar la carga financiera de comenzar para que puedas lograr tus sueños.

El tiempo

Otra razón por la que muchas personas no persiguen sus pasiones es porque dicen que no tienen tiempo. Este es más o menos el caso de cuando conduces durante horas y llegas a casa tarde por la noche. Muchas personas suelen ser esclavas de su trabajo y ni siquiera tienen tiempo para sus familias. Los hace sentir egoístas cuando quieren tomarse un tiempo para sí mismas o invertir en su pasión.

"El mejor momento del día es ahora." Pierre Bonnard

Si el tiempo es un problema, descubre cómo hacer espacio en tu vida para las cosas que quieres hacer. Podrías considerar levantarte una o dos horas más temprano cada día o acostarse más tarde.

Recuerda, el buen dormir es importante para un día feliz y exitoso, por lo que no puedes acortar el sueño. Es posible que tengas una hora para almorzar para que puedas llevar tu oficio o computadora portátil al trabajo. De esa manera, puedes dedicar una hora todos los días a tu pasión. El tiempo es importante.

La pérdida de tiempo es demasiado común para aquellos que dicen que no tienen tiempo para dedicarse a sus pasiones. Probablemente pasas horas todas las noches viendo televisión y no haces mucho los fines de semana. Este momento puede ser el oportuno para relajarte porque has trabajado muy duro durante la semana. Es hora de comenzar a dejar de lado el tiempo perdido en tu vida, como salir con amigos todos los fines de semana, mirar televisión y hacer cosas improductivas. Es hora de que empieces a fabricar tu porvenir. Si en vez de ver esos capítulos de tu serie favorita, le dedicas unos minutos diarios a ver videos en youtube que se asocian a tu pasión no crees que esto será más productivo? Solo necesitas administrar mejor tu tiempo. Recuerda, no tienes que terminar todo el proyecto una vez que lo comienzas. Si tu proyecto toma varias horas y tienes una hora extra cada día, puedes hacerlo gradualmente. También te dará algo que esperar todos los días.

Esfuérzate

Si tu trabajo actual es la razón por la que no puedes perseguir tu pasión porque actualmente eres un esclavo de tu empleador, debes buscar un nuevo empleo. Si no estás haciendo algo que amas primero, está bien buscar otro empleador. Tu trabajo puede ser tu sustento, pero tienes que trabajar para que tu vida sea feliz y exitosa. Ni siquiera podrás trabajar si tu empleo es la causa de tu infelicidad. Puede ser muy difícil despertarse todas las mañanas para ir a trabajar. ¿No quieres hacer algo con lo que disfrutes despertarte todas las mañanas?

Un sueño no se hace realidad por arte de magia, necesita sudor, determinación y trabajo duro - Colin Powell

El miedo

El miedo es otra de las principales razones por las que las personas no se mantienen fieles a sus pasiones ni logran sus sueños. Puedes y debes superar tus miedos.

A través del poder de la curiosidad serás más receptivo a las sugerencias y sabrás que puedes lograr mejores resultados de los que tu mente te ha limitado a creer.

Puedes tener miedo al fracaso y, por lo tanto, no avanzar con pasión. Es natural tener miedo al fracaso. Es como aprender a andar en bicicleta o aprender cosas nuevas. No muchas personas comienzan algo nuevo o desarrollan una pasión y encuentran el éxito instantáneo. En el camino, experimentarás muchos miedos y fracasos. Tienes que levantarte y seguir adelante.

El miedo al fracaso es normal y no tienes que dejar que te detenga. Si fallas, tómalo como una experiencia de aprendizaje para que puedas crecer a partir de ella. Los errores se pueden convertir en experiencias positivas. Incluso puedes temer el éxito. Puede sonar divertido, pero muchas personas tienen miedo al éxito. Algunos tienen problemas para ahorrar dinero, ya que una vez que logran ahorrar lo suficiente para comenzar sus sueños, lo gastan en cosas que ni siquiera necesitan. Más tarde, se patean a sí mismos y comienzan con el proceso de ahorro de nuevo.

"Sé el cambio que quieres ver en el mundo." Mahatma Gandhi

Nunca debes tener miedo al éxito, ni ser como aquellos que tienen tan baja autoestima que no creen que sean lo suficientemente buenas para tener éxito. Puedes tener tanto éxito como realmente creas. No dejes que tu miedo se interponga en tu camino.

Capacitación

El aprendizaje es otro obstáculo para muchos. Es posible que te hayas graduado de la escuela hace 20 años e imagines que lo aprendido ya no sirve y que no estás en condiciones de aprender lo último. ¡Mentira! siempre puedes aprender, incluso en tu lecho de muerte. Necesitas ver todo el proceso de aprendizaje como divertido y emocionante. Pronto cumplirás tu sueño, y si necesitas obtener un certificado o aprender algo, considérelo como un trampolín hacia tu meta.

Se puede decir que hay muchos obstáculos que son la razón por la cual no lograste tus sueños. Son solo obstáculos temporales que usas como excusa para no avanzar. ¡Tienes control sobre tu vida! Puedes contar con personas que te apoyan. Puedes superar obstáculos de forma creativa y comenzar a realizar tus pasiones. Tienes que levantarte, dejar de hablar de los obstáculos que se interponen en tu camino y empezar a vivir tus sueños.

La fijación de objetivos

El establecimiento de metas es importante por muchas razones. Al establecer objetivos, puedes ver el progreso futuro, tener algo que esperar y ayudar a desarrollar la ambición. Para lograrlos, es necesario establecer metas.

Al establecer objetivos, es una buena práctica agregar fechas a los distintos hitos. Establece un objetivo de pasión específico y adjunta una fecha de finalización. Después de la fecha de finalización, divide tu objetivo en pasos para lograrlo. Cada uno de estos pasos es un punto de inflexión. Podrías considerar establecer una fecha para cada hito en función del tiempo que llevará alcanzarlo. Es probable que estas sean fechas aproximadas y es posible que te anticipes uno o dos días o que te retrases. Sin embargo, se puede llegar a un punto de intermedio fijado, lo que le permite volver a la normalidad.

Trabajar con el método de destino le da algo que esperar. Es mejor recompensarse al final de cada objetivo, o puedes ver una recompensa a medida que te acercas a tu pasión. Es más probable que trabajes hacia tu meta si trabajas con una fecha de finalización. Los objetivos con hitos te permiten ver tu progreso hacia tus objetivos. Podrías considerar crear una tabla de fechas y actividades. Desglosa cada paso en tareas pendientes y tareas concretadas. A medida que alcanzas cada hito, te acercas más a tu meta. Cuanto más te acerques a la realización de tu verdadera pasión, más ambicioso serás para perseguir tu sueño y hacerlo realidad.

"Piensa, sueña, cree y atrévete." Walt Disney

Si necesitas mejorar tus habilidades primero, toma algunos cursos. Estas lecciones serán parte de sus hitos y pasos hacia tus metas. Si tu objetivo implica algunos pasos complicados y requiere mucho trabajo de tu parte, no tengas miedo de recompensarte por alcanzar el objetivo de tu proyecto. Compra una botella de vino y relájate por la noche para celebrar el logro de tus objetivos. Haz algo para recompensarte por todo tu arduo trabajo. Te lo mereces. No importa en qué proyecto decidas embarcarte o trabajar, debes establecerlo como un objetivo y desglosar los pasos para lograrlo. Esto hará que la meta parezca más alcanzable y trabajarás más duro para lograrla.

Vive tu pasión

Cuando estás viviendo tu pasión, tienes que hacer mucho con tu actitud y tu vida para tener éxito. Practicar estas cosas te hará una persona más exitosa con vida y pasión. Puedes medir el éxito como quieras. El éxito no se mide en dinero porque cualquiera puede ganar mucho dinero. El objetivo es ganar mucho dinero cumpliendo tu pasión. Cuando estás trabajando en algo que realmente te apasiona, por lo general tienes la suerte de ganar dinero. Lo que importa es que puedes mirar hacia atrás en tu vida y saber que hiciste todo lo que te propusiste hacer y no te arrepentiste.

El sentido de la vida es tener valores, no cosas de valor.

Es saludable

No tienes que concentrarte en una sola cosa, sino en todos los aspectos de tu pasión. Disfruta de la experiencia completa. Disfruta del proceso de pedido de piezas y del retraso de dos semanas que te anunciaron. Esto podría significar que tienes unas buenas vacaciones mientras esperas, no es señal de que no debas iniciar tu pasión. No veas las cosas negativas que suceden como síntomas. Termina lo que sea que estés haciendo. No intentes fingir o impresionar a alguien con alguien que no eres.

Ponle pasión

Cuando te apasiona algo, no tienes que serlo para que los demás te vean. Tu pasión viene de adentro, y si realmente amas lo que haces, te saldrá naturalmente. Te enorgullecerás de tu trabajo y, si diseñas ollas de barro, no enviarás ollas rotas a los clientes porque te apasionará la calidad. Esto se debe a que tendrá tu nombre en ellas. Estarás orgulloso de todo lo que haces porque estás orgulloso de ello.

Liderar

El liderazgo es otro factor a considerar, ya que deseas mostrar a las personas cómo pueden hacer realidad sus sueños. No quieres seguir los pasos de nadie. Quieres que te apasione liderar un cambio de vida. Estás haciendo grandes cambios para vivir tu vida de la manera que quieres. Crea tu visión y lidera el camino hacia el logro de tus metas.

Mejora continua

Cuando estás viviendo tu pasión, no siempre se ve lo mejor posible. Debes encontrar formas de mejorar continuamente los procesos que lo ralentizan, producen mala calidad o te frustran. A medida que continúes mejorando el proceso, mejorarás con el tiempo y comenzarás a ver qué tan bien puedes hacerlo. A medida que encuentres formas de mejorar las cosas, la productividad aumentará con el tiempo. Cuando estás comenzando con tu pasión, todo puede parecer un desastre. Puedes arreglarlo, pero requiere tiempo de pruebas y ensayos. Antes de mejorar el método, puedes probar quince veces hasta que sea más efectivo y de mejor calidad.

"Cree que puedes y casi lo habrás logrado." Theodore Roosevelt

Acción

La acción debe estar a tu alrededor. Debido a que es tan fácil aplazar el trabajo y caer en la procrastinación (postergación o posposición en la acción o hábito de retrasar actividades o situaciones que deben atenderse, sustituyéndolas por otras situaciones más irrelevantes o agradables por miedo a afrontarlas y/o pereza a realizarlas). No querrás encontrarte con los mismos problemas que tenías al principio.

Lo más importante de actuar es evitar volver al comienzo debido a la pereza. Debes trabajar hacia las grandes metas de tus sueños. Nada te debe detener ni ralentizar. Cuelga un letrero bien visible que diga "Acción" para recordar que estás viviendo tu pasión con una acción constante.

Desea que las personas de tu equipo también estén orientadas a la acción. No permitas que alguien que no esté orientado al trabajo este contigo. Si tienes un pariente que realmente desea apoyarte, pero que le gusta sentarse y hablar, pero no trabajar duro, no cuentes con él para el desarrollo de tu sueño, pero sí le puedes solicitar que te ayude a correr la voz sobre tu negocio. Cada uno con su capacidad.

"Vayas donde vayas, ve con todo tu corazón." Confucio

Si quieres recompensar a todos los que te han ayudado, estupendo, pero no significa que tengas que gastar dinero que no tienes. Puedes recompensar a alguien diciéndole que aprecias lo que ha hecho por ti. Reconocer el trabajo duro a veces es suficiente si la gente sabe que realmente lo aprecias.

Crea tu propio personaje

Elige al menos 5 personajes principales que te gusten y admires por sus éxitos o mensajes positivos. Aprende todo lo que puedas sobre ellos y conviértete en un experto en ellos. Descubre cómo lo hicieron. Esto significa que necesitas conocer sus biografías. De ellos construye tu propio avatar, en la persona que deseas ser.

"La mejor forma de predecir el futuro es creándolo." Abraham Lincoln

Convirtiendo la pasión y el propósito en realidad

Tienes que hacer mucho para hacer realidad tu pasión. Ahora que sabes cómo encontrarla y perseguirla, actúa. Aquí hay algunos pasos que puedes seguir para que esto suceda.

- **Yo creo**

Lo más importante en el éxito es que creas en él. Realmente puedes tener éxito, si lo consideras posible;

si no, ni siquiera deberías empezar hasta que lo creas. Tus habilidades están en tu cabeza y tienes el control total de tu éxito. No se trata de impresionar. Puedes confiar y no tienes que decírselo a nadie. Recuerda el mensaje de lao Tse "El que sabe luchar no combate", sabe de su poder y no anda por ahí como pavo real. Relájate y dite a ti mismo que tendrás tanto éxito que algún día estarás tan emocionado de sentarse en el Show de Oprah Winfrey y hablar sobre tu pasión y cómo se hizo realidad. Cree y siéntete empoderado al pensar en tus esfuerzos y cómo los logras.

"Solo imagina lo precioso que puede ser arriesgarse y que todo salga bien." Mario Benedetti

• **La forma**

Tu actitud puede hacerte o deshacerte. Debes permanecer completamente positivo. Siempre se positivo. No dejes que las pequeñas cosas te depriman. Estás persiguiendo tu pasión y cada obstáculo es ahora una experiencia de aprendizaje. En este momento, todo lo que haces con tu negocio debe verse con una actitud positiva. Una buena actitud te ayudará a tener éxito en todo lo que hagas. Si tienes una actitud y una perspectiva positiva, las cosas le sucederán con más frecuencia que nunca. Realmente se trata de cómo ves las cosas, no de lo mal que realmente son. Haces algo mal y se pone peor. Tu actitud lo hará positivo.

• **Mejora tus pensamientos**

Si no puedes alcanzar tu pasión hoy, debes aumentar su intensidad. Puedes replantear tus ideas y mejorar los detalles forjados. Crea un plan para tu proyecto o evento empresarial con todos los detalles que debes tener en cuenta. Todavía hay mucho que hacer mientras estás en espera. No tomes la espera como una señal de no empezar o como otra forma de procrastinar.

- **Crear impulso**

Cuando trabajas con tu pasión, la mejor manera de generar impulso es actuar sobre tus ideas. Actúa ahora, no esperes a que algo suceda o venga a ti. Lo mismo ocurre con los problemas que necesitas resolver. Debes actuar en consecuencia. Cuanto más emprendedor seas, más comenzarás a generar un impulso que es difícil de romper. Tu pereza desaparecerá y serás mejor y más eficiente.

- **Aprovecha al máximo tus recursos**

Cuando tengas tu proyecto en marcha tienes que hacer el mejor uso de tus recursos. Tal vez no tengas mucho dinero y debas descubrir cómo manejar cosas como la guardería y las compras diarias hogareñas. Puedes recurrir a amigos u otras personas de apoyo para que te tiendan una mano.

La creatividad que aprendiste en los párrafos anteriores deben ponerse también práctica en este punto. Es posible que no tengas los fondos o recursos necesarios. Tienes que ser creativo con lo que puedas. Si eres un escritor sin computadora, puedes ir a una biblioteca pública y usar una computadora gratuita. Encuentra recursos que puedas utilizar para hacer que tu pasión sea un éxito.

- **Sacrificios y esfuerzos**

En la mayoría de los casos, cuando alguien trabaja por pasión, está dispuesto a trabajar duro y a sacrificar casi cualquier cosa.

"El que tiene un porqué para vivir, puede soportar casi cualquier cómo." Viktor Frankl

Cuando comienzas un nuevo trabajo, es posible que tengas un comienzo difícil. No se puede esperar el éxito de la noche a la mañana. Las cosas toman tiempo, pero lo principal es que desees hacer lo que amas. Trabajarás muchas horas y sacrificarás tiempo familiar y muchas otras cosas. El sacrificio es lo más importante que puedes hacer si quieres tener éxito. No hay sustituto para el trabajo duro si quieres alcanzar tus objetivos. Solo tú puedes lograr las metas que te propongas, y tendrás que esforzarte para llegar a donde quieres llegar. Acepta las largas horas, el sudor y las lágrimas porque al final valdrán la pena.

- **Organiza tu vida**

Organiza tu vida de acuerdo a tus pasiones. Has comenzado un nuevo trabajo o pasión con la que quieres tener éxito. Comienza a vivir el día exitoso que siempre has soñado. Por ejemplo, levantarse temprano en la mañana, hacer café, leer el periódico, bloguear, poner música embriagante o calmante etc. Es saludable que organices tu vida para que sea un tiempo útil. Planifica tu tiempo haciendo ejercicio y tomando decisiones saludables. Además, asegúrate de dormir lo suficiente. Al principio, tienes que dedicar muchas horas para tener éxito, pero no puedes perder el sueño o no podrás disfrutar de tu pasión. Una organización adecuada asegurará tu éxito y aumentará su productividad.

- **Imaginación y meditación**

La visualización es muy importante si quieres trabajar en tu pasión. La meditación y la visualización pueden ayudarte a ver hacia dónde se dirigen tus pasiones. Tienes una idea que surge y necesitas visualizarla. La meditación permite que tus pensamientos se manifiesten dentro de ti para que puedas actuar sobre ellos. Quiere expresar sus deseos y asegurarse de que se hagan realidad.

Consideraciones finales del capítulo

Cuando realmente amas tu vida, surgen continuamente cosas por lograr. Tienes que dedicar tu vida a algo, estar libre de dolor, no centrado en el resultado, no preocupado por la supervivencia. Por, sobre todo, olvídate de los otros que no reconocen en ti a un ganador. Esfuérzate, y solo con tu cambio de postura mandarás un mensaje positivo hacia el exterior.

Cuando dedicas tu vida a algo, inmediatamente te dedicas a tu pasión, a lo más poderoso que dentro de ti. Esto significa que debes dedicar la mayor cantidad de tiempo y energía posible a ese objetivo. El resto sucederá naturalmente porque pones tu corazón y alma en ello. Cuando se trata de trabajar por pasión, los principios de dolor y placer son irrelevantes. Tu entusiasmo puede traerte alegría porque te hace feliz y disfrutas haciéndolo. Sin embargo, lograr tus objetivos puede ser doloroso y frustrante. A veces lloras y quieres tirar la toalla. El éxito nunca es fácil, pero prefieres trabajar en algo que te da esperanzas que trabajar día tras día en algo que odias. Esta pasión es tuya, te pertenece. Siente el dolor y haz que sea satisfactorio en todos los sentidos. El dolor satisfará tu alma, lo cual es mucho mejor a la larga porque no te arrepentirás.

Nunca te centres en los resultados. El universo se ocupará de que ellos lleguen. Las cosas pueden ser lentas al principio, y si solo miras los resultados, es posible que nunca alcances tu meta. "Concéntrate en lo que necesitas hacer y encontrarás tu camino hacia la libertad", dijo Tao. Cuando trabajas por tu pasión, nunca tienes que preocuparte por sobrevivir. Esta es la clave más importante para el éxito. Los problemas surgen cuando te preocupas o temes. Tienes que tener el coraje en tu corazón y en tu cabeza para creer que vas a estar bien, y realmente lo estarás. Tienes la capacidad de controlar todo y mantenerte positivo. No te preocupes.

La pasión es lo que quieres hacer, estás destinado a hacer con tu vida lo que desees.

Todos tienen entusiasmo, solo hace falta sacarlo a la luz. Cuando lo hacen, pueden vivir una vida completa. El éxito no se mide en dinero. Incluso las personas más ricas están profundamente insatisfechas con sus vidas. Para ser feliz, sigue tu pasión y la riqueza y el éxito te seguirán.
Hay muchas formas de buscar y encontrar tu pasión. Puedes aprender sobre tus pasiones haciéndote

muchas preguntas. Es posible que tengas la respuesta muy cerca de ti, pero hasta ahora solo la tomabas como un hobby o algo sin valor. Si tienes una verdadera pasión y tienes obstáculos que se interponen en el camino de tus sueños, tienes que superarlos y lo harás.

La clave para hacer que tu pasión funcione es creer en ella para que puedas trabajar realmente duro. Cuanto más trabajas, más exitoso te vuelves. Si tiene un plazo de entrega y no puede comenzar de inmediato, puedes hacer un plan preliminar de tus objetivos. Recuerda siempre establecer metas y pasos para alcanzarlas. Podrás ver tu progreso hacia tu meta y saber cuánto tiempo tomará. Recompénsate a medida que alcanzas hitos y te acercas a tus objetivos.

Eres una persona por la que vale la pena luchar. Tienes las mismas habilidades que los demás. Tienes que ser feliz, tienes que vivir tu pasión.

Capítulo 2
Eliminar la negatividad
en tu forma de ser

Las características negativas de las personas pueden variar mucho, pero algunas comunes incluyen:

• Egoísmo: poner los propios intereses por encima de los demás.
• Envidia: sentir celos o resentimiento hacia los éxitos o posesiones de otros.
• Irresponsabilidad: falta de compromiso o iniciativa en cumplir con las obligaciones.

• Las características negativas pueden tener un impacto negativo en la felicidad de una persona de varias maneras. Por ejemplo:

• El egoísmo puede llevar al aislamiento y la falta de relaciones significativas.
• La envidia puede generar insatisfacción constante con lo que se tiene, reemplazándolo por un deseo constante de tener más.
• La irresponsabilidad puede llevar a problemas financieros, laborales y personales, causar estrés y preocupación.

Además, las relaciones interpersonales también se ven afectadas, ya que las personas pueden alejarse de aquellas que muestran estas características negativas. En resumen, tener una personalidad pesimista pueden socavar la confianza en uno mismo y en las relaciones, lo que puede conducir a una mayor infelicidad.

Por su parte, hay que reconocer que la vida está llena de altibajos. Lo principal es que no debes rendirte. En su lugar, trata de ver el lado bueno de la vida bajo una luz positiva. Debes comprender que tu perspectiva afecta en gran medida tu felicidad y tu salud. Mantenerse positivo te ayudará a eliminar el diálogo interno negativo que se hace cargo, de mala manera, de tu vida. Podrás ver las cosas en todas sus dimensiones y posibilidades, no solo los obstáculos y preocupaciones que puedan interponerse en tu camino.

Sé positivo acerca de las decisiones básicas

Las personas positivas de tu entorno y aquellas que elijes pueden ayudarte a alcanzar tus sueños, mientras que los negativos pueden hacerte perderlos. Ser positivo tiene varios beneficios. Quizás es por eso que la mayoría de la gente considera que ésta es una de las resoluciones de Año Nuevo más importantes. Sin embargo, como cualquier resolución, a ciertas personas les resulta difícil hacer los cambios necesarios en sus vidas solo para volverse optimistas y mantener una actitud esperanzadora. Para lograr con éxito este objetivo, es necesario identificar los factores que pueden ayudarte a lograr el objetivo de manera más fácil y conveniente.

Concepto básico:

La positividad, que hace que la vida de las personas sea más feliz, saludable y exitosa, se ha convertido en una parte importante de lo cotidiano. Pero ver el mundo bajo una luz positiva es más fácil decirlo que hacerlo. Afortunadamente, hay varias maneras de hacer realidad tu resolución.

• **Sé optimista**

La positividad y el optimismo son características de las personas que siempre buscan lo mejor en cada situación y que esperan, sin importar cuán malas sean las circunstancias, que sucedan cosas buenas. Incluso cuando suceden cosas malas en sus vidas, todavía ven la luz al final del túnel.

"Alguien se sienta en una sombra hoy porque alguien plantó un árbol hace mucho tiempo." Warren Buffet

Las personas positivas siempre creen que son responsables de su propia felicidad y no culpan a los demás de todas las cosas malas que le suceden. Ven sus errores como una oportunidad para aprender y mejorar para convertirse en personas más inteligentes, sabias y fuertes.

Consejos positivos:

• **Usa afirmaciones positivas**

Es una buena idea escribir todas las cosas que desees cambiar. Coloca estos objetivos donde los veas todos los días, como frente al refrigerador, en un tablero de corcho o en el espejo.

Nunca pienso en las consecuencias de fallar un gran tiro... cuando se piensa en las consecuencias se está pensando en un resultado negativo - Michael Jordan

• Convierte los pensamientos negativos en positivos

Puede ser difícil dejar de lado la negatividad si tienes pensamientos negativos todo el tiempo. Por difícil que parezca, este sentimiento negativo está relacionado con una forma de pensar. Esto significa que, si piensas negativamente, verás todo a tu alrededor de la misma manera. En cambio, ¿por qué no tratar de encontrar el lado positivo de cada situación negativa?

• Rodéate de gente positiva

Dicen que los hábitos y las actitudes son contagiosos. Por eso, es importante rodearte de personas positivas que te animen a dar lo mejor de ti y te ayuden a conseguir tus metas. También pueden ayudarte si comienzas a incorporar actividades positivas en tu vida, como salir a correr o a comer más saludable.

• Empezar a hacer cambios

En lugar de pensar en lo que la situación puede hacerle a tu vida, comienza a pensar en las mejores formas de prevenir los malos momentos. Las desventuras son parte de la vida. Usa tus experiencias negativas para tomar mejores decisiones y desarrollar tu carácter.

• Comparte tus luchas

Enfrentar en solitario los problemas, puede tener un efecto perjudicial en tu salud. Compartir tus luchas con alguien en quien confíes puede alivianar la carga, recibirás y aliento que puedes usar para concentrarte en tu coraje, valentía y fortaleza.

- **Crear un ambiente positivo**

Un desarrollo o cambio en tu oficina, dormitorio u hogar puede hacer que te sientas bienvenido y relajado.

- **Ser un optimista racional**

Ser optimista no significa pretender que no pasará nada malo. Esta forma de pensar puede llevarte a tomar malas decisiones en la vida y empeorar las cosas. Tienes que aprender a esperar lo peor, pero aún esperar lo mejor. Puedes ser optimista, pero con los pies sobre la tierra.

- **Descubre lo que te detiene**

En algún momento de sus existencias, las personas se sienten deprimidas sin razón aparente. Hay varios eventos en la vida que pueden afectar significativamente tu toma de decisiones, resolución de problemas y estilo de vida. A veces, estas cosas te derriban en lugar de ayudarte a avanzar.

La mejor manera de lidiar con las cosas que te perjudican es conocerlas y comprenderlas primero. Esto te facilitará pensar en maneras de prevenirlas.

Aquí están las cosas preocupantes:

- **Pérdida**

La pérdida de un ser querido puede impedir que las personas sigan adelante con sus vidas. Algunos que han experimentado una tragedia o una pérdida en el pasado tienen dificultades para vivir el duelo por completo y aceptar la pérdida. Decirle adiós a alguien que te amó y se preocupó por ti, es una de las decisiones más difíciles, pero más importantes que tendrás que tomar.

- **Errores**

El fracaso en áreas de la vida, incluido el trabajo, el hogar, la escuela y las relaciones, puede llevar a las personas a creer que, de hecho, ellos mismos son un fracaso. Esto les impide probar cosas nuevas que podrían mejorarlos como personas, eligiendo quedarse atascados en la suposición de que no importa lo que hagan, fracasarán.

- **Miedo**

El miedo es una emoción causada por una amenaza percibida, aunque no sea real. Es una estrategia de nuestro cerebro para mantenerte a salvo y actúa como un mecanismo básico de supervivencia que le indica a tu cuerpo que responda al peligro con la respuesta de huida. Pero vivir con miedo constante puede hacerte sentir impotente. Tu cerebro puede ver las cosas negativamente y hacer que las recuerdes. El miedo puede deprimirte, crear hábitos destructivos, generar dudas y reprimir tus pensamientos y acciones. Ya sea que las amenazas sean reales o percibidas, afectan tu salud física y mental.

- **Relaciones familiares tensas**

Tu familia define quién eres. Desafortunadamente, algunas personas se ven obligadas a decidir si continuar con una relación familiar tensa o si sería mejor terminarla. La familia puede volverte loco a veces, pero también son los que corren a tu lado cuando más los necesitas. Pero incluso si tu familia puede desanimarte, debes evaluar tu relación con ellos antes de decidir si vale la pena cortar los lazos.

- **Incapacidad permanente**

La discapacidad física puede afectar significativamente las actitudes y estilos de vida de las personas. Te obliga a hacer los ajustes necesarios no solo físicamente, sino también mental y emocionalmente. La mayoría de las personas con discapacidades físicas permanentes tienen una capacidad limitada para tomar decisiones y realizar actividades de la vida. En algunos casos, esto puede llevar a que pierdan el interés por probar cosas distintas y se queden estancados en su estilo de vida.

- **Depresión**

La depresión no tratada puede causar serios problemas en tus relaciones con los demás, en tu forma de trabajar y en el manejo de enfermedades graves. Las personas que están deprimidas no tienen la capacidad de recuperarse. Además, la situación afecta negativamente a su calidad de vida, ya que las relaciones personales y sociales, así como los problemas en el hogar y el trabajo, son cada vez más difíciles de resolver.

- **Sin reconocimiento**

Todas las personas deben ser valoradas y reconocidas. Sin embargo, no todos reciben este trato, por lo que se sienten infravalorados. Los más felices en la vida son aquellos cuyo arduo trabajo es reconocido por quienes los rodean, incluidas sus familias y empleadores. Según los psicólogos, las personas necesitan cierto reconocimiento y recompensa por parte de los demás para mantener la salud física y mental. También evita que se sientan frustrados al saber que se aprecia todo su arduo trabajo.

- **Baja autoestima**

No creer en tus habilidades y talentos te impedirá ser el mejor y convertirte en una mejor persona de lo que eras antes. Debes recordar que sigues siendo alguien valorado y apreciado por personas que creen en tu capacidad para superar los desafíos de la vida. Ser positivo significa mejorar la confianza en uno mismo.

- **Identifica a los defraudadores**

Las cosas que te rodean no son las únicas cosas que te deprimen. A veces, ciertos tipos de personas te menosprecian y te hacen pensar y ver la vida negativamente. Desafortunadamente, mirar las cosas negativamente no permite que crezcan las cosas positivas. Estas son las personas que a veces hacen comentarios desagradables o hacen cosas solo para evitar que tengas éxito y que los superes. La negatividad que generan estas personas puede hacer que tu vida sea más miserable. Por eso, es importante que conozcas a personas que estén felices de verte optimista, y no a quienes les gusta verte pesimista. Es aún mejor si ignoras a estas últimas personas y tienes suficiente poder para alejarlas. Ignorarlos no significa que los odies, solo significa que te preocupas más por tu bienestar que por sus opiniones y críticas.

Estas son las personas que pueden derribarte y hacer que la felicidad sea más difícil de experimentar:

- **Incapaz de complacerlos**: Algunas personas son realmente difíciles de complacer. A veces es mejor aceptar el hecho de que no importa lo que hagas, nunca podrás complacerlos, en lugar de seguir intentando hacer algo que siempre supiste que no produciría resultados positivos. En algún momento de tu vida, te encontrarás con personas que te maltratan, te faltan al respeto y te menosprecian sin motivo alguno. Lo mejor que puedes hacer en esta situación es alejarte. No tienes que hacer un esfuerzo adicional para obtener su aprobación, especialmente si lo has intentado antes y todavía no está satisfecho.

• **Amigo falso**: Un amigo es alguien con quien podemos contar cuando necesitamos un hombro para llorar. Son hermanos en la fe. Desafortunadamente, también hay personas que fingen ser tus amigos, pero en realidad solo te tratan de esa manera porque eres bueno con ellos. Los amigos falsos solo piensan en ti cuando necesitan tu ayuda. Por lo tanto, debes tener cuidado al elegir a quién agregar a tu círculo de confianza. También vale la pena conocer las cualidades de tus amigos que te deprimen en lugar de ayudarte a recuperarte de los contratiempos. No importa cuánto te esfuerces por encajar, los amigos "falsos" no te aceptarán por lo que eres. Quieren verte meterte en problemas y hacer lo incorrecto. Este tipo de amigos también pueden darte la espalda y hacerte sentir frustrado porque no estuvieron allí cuando más los necesitabas y porque no cumpliste tus promesas.

• **Violentos**: Los abusivos complican la vida de las personas. Priorizan sus propias necesidades y sentimientos sobre los que les rodean. Los acosadores usan su negatividad para intimidarte, asustarte y manipular tu mente. Dirán y harán cualquier cosa para que hagas lo que quieren que hagas por ellos. Manipulan a las personas para beneficio personal.

• **Personas sin corazón**: Todas las personas cometemos errores. Lo que importa es que intentes corregir ese error, aprender de él y encontrar formas de evitar cometerlos nuevamente. Sin embargo, a ciertas personas les resulta difícil perdonar a quienes les causaron daños, o no quieren superar los errores del pasado.

Usa tus errores del pasado como guías mientras vives en el presente y planificas tu futuro. Si estás rodeado de personas que te juzgan constantemente en función de tus errores pasados o te culpan por esos errores, usándolos para derribarte, es mejor dejarlos atrás.

• **Reina del drama**: ¡Sí! Drama Queen también te decepcionará. Son el tipo de personas que siempre intentan crear argumentos y payasadas extrañas sin motivo alguno. Si conoces a una reina del drama, la solución perfecta es ignorarla y alejarte. Tienes que hacer todo lo posible para no caer en sus trucos. Manéjalos con más calma y confianza, porque tú mismo no quieres causar discusiones. Si es posible, muéstrale cómo lidiar con diferentes problemas en la vida. En lugar de dejar que te depriman, sé el que inspire, eduque y aliente a las personas a practicar siempre la compasión y la comprensión.

• **Los que insisten en que debes ser diferente**: ¡Se orgulloso de ti mismo! Necesitas crear tu propia identidad, no una copia de la de otra persona. No hay mejor sentimiento que saber que las personas que te rodean te aceptan por lo que eres, no por lo que quieren que seas. Desafortunadamente, hay algunas personas que no ven ni aprecian el progreso que tú mismo has hecho. Insisten constantemente en que convertirse en otro sujeto te hará una mejor persona. De todas las personas, solo tú sabes lo que es mejor para ti. Cuando eliges ser una versión diferente y mejorada de ti mismo en lugar de otra persona, puedes experimentar el verdadero éxito, el amor y la felicidad. Deja que los que te rodean te amen y te respeten por lo que eres, y no trates de complacerlos ni te sientas amenazado si no eres lo que ellos quieren.

• **Autoboicot:** ¡es la verdad! ¡Incluso tú mismo puedes derribarte! La autocrítica a menudo se asocia con ansiedad, depresión e infelicidad. Tu valor como persona no es lo que eres, sino quién eres. Recuerda, no eres una cosa.

¡Deja de criticarte! Puede que no seas tan bueno como otras personas. Pero hay algo especial y único en ti que ellos no tienen.

Las revoluciones se producen en los callejones sin salida.

Somos diferentes unos de otros. Así que tienes que dejar de compararte. Acepta y disfruta lo que tienes. Tus errores son parte de lo que eres. No seas tu peor crítico interior.

Obtén una mentalidad ganadora:

Una mentalidad ganadora es una parte esencial del éxito en la vida o en los negocios. Esta mentalidad no surge por casualidad ni como resultado del lanzamiento de una moneda. Es la base del éxito, el crecimiento consciente, la riqueza y la prosperidad. Si deseas desarrollar una mentalidad positiva, necesitas saber cómo te ayuda a convertirse en un "ganador".

¿Qué es la mentalidad?

La forma en que piensas define quién eres. Consiste en tus creencias, actitudes, sentimientos y pensamientos. Una mentalidad es un pensamiento simple que hace toda la diferencia. Crear productividad y motivación en el deporte, la educación y los negocios. Es un éxito para deportistas, empresarios y educadores.

¿Cómo lograr una mentalidad ganadora?

1. Creer en ti mismo

Tienes que creer que puedes hacer cualquier cosa. Cuando enfrentas desafíos en tu camino hacia el éxito, debes creer en tus habilidades, conocimientos y capacidades.

2. Crea un plan y una estrategia

Parte de una mentalidad ganadora es tener un plan que te ayude a alcanzar tus metas. Por otro lado, la estrategia correcta puede facilitar el logro de estos objetivos. Por lo general, requiere un conjunto de comportamientos apropiados y una visión para el futuro. Sin una estrategia integral y flexible, lo más probable es que no logres lo que quieres lograr en la vida.

3. identifica tus fortalezas y debilidades
Las personas con mentalidad ganadora son aquellas
que saben utilizar sus habilidades y fortalezas para
darles la oportunidad de ganar y reforzar una actitud
positiva. Tampoco tienen miedo al fracaso y nunca se
dan por vencidos.

4. Practica la autoconciencia
Los mejores empleados saben que tienen algo que los
motiva y los ayuda a lograr sus objetivos. Saber en qué
son buenos puede darles una ventaja competitiva
sobre sus competidores. También saben cómo manejar
estas cosas para evitar que se conviertan en su
debilidad.

5. Ármate de valor para afrontar los retos
Si realmente quieres ganar, debes enfrentar tus miedos
y desafíos. Tienes que estar dispuesto a luchar y
aceptar un no por respuesta. Si necesitas ayuda, no
tengas miedo de pedirla, especialmente si puede
aumentar en gran medida tus posibilidades de lograr
tus objetivos.

Cuida tu cuerpo:

Una de las claves para una vida más feliz y saludable
es saber cuidar tu cuerpo. Cualquier tarea que desees
realizar o cualquier objetivo que desees lograr se puede
conseguir fácilmente si estás sano física, mental y
emocionalmente. Tu cuerpo y tu mente están
conectados. Si llevas un estilo de vida poco saludable,
es más probable que tomes decisiones poco
saludables. Además, mantenerse activo puede mejorar

tu estado de ánimo y reducir la probabilidad de depresión.

Aquí hay algunos consejos para cuidar su cuerpo para una vida más feliz y saludable:

- **Come sano**

Elegir frutas y verduras frescas junto con carnes magras y aves es mucho mejor que la comida chatarra, las gaseosas y la comida rápida. Comer sano te proporciona los nutrientes, las vitaminas y la energía que necesitas para pasar un día ajetreado en el trabajo. Como parte de tus esfuerzos de alimentación saludable, recuerda beber mucha agua para mantenerte hidratado y eliminar las toxinas de tu cuerpo.

- **Toma tiempo para relajarte**

No importa cuán ocupada esté tu agenda, es importante tomar descansos de las cosas que te preocupan y encontrar tiempo para despejar tu mente y relajarte. Cuando estás trabajando, tomar un descanso, aunque sea por unos minutos, puede marcar una gran diferencia en la forma en que trabajas.

- **Ejercicio**

El ejercicio es una actividad que te rejuvenece. Hacer ejercicio no significa pasar horas en el gimnasio. Hay actividades que pueden ayudarte a mantenerte saludable mientras te diviertes. Se recomienda realizar cualquier tipo de ejercicio o actividad física al menos 30 minutos al día.

- **Suficiente descanso y sueño**

El descanso y el sueño te permiten recuperar la energía
perdida durante toda la jornada laboral. Dormir y
descansar lo suficiente también puede afectar tu
capacidad para que funcione normalmente tu estado
de ánimo y tu metabolismo. Mantener buenos hábitos
de higiene es otra forma de cuidar tu cuerpo, te
protegerá de varios tipos de enfermedades. Una buena
higiene significa que estás sano por dentro y por fuera.
Debes ducharse regularmente, cepillarse los dientes,
cortarte las uñas, usar ropa limpia y más.

Cuida tu alma:

A veces las interminables responsabilidades que las
personas tienen que cumplir día a día les impiden
cuidar su ser interior: su alma. Aunque invisible para
el mundo exterior, el alma sigue siendo un ser vivo que
necesita especial atención, cuidado y nutrición. Las
personas se esfuerzan por ser lo mejor que pueden ser.
Pero a menudo se olvidan de mantener su paz interior.
La salud y el estado de tu alma son importantes para
todo lo que haces en la vida. Cada alma necesita un
poco de salud. Pero, ¿cómo mantener tu alma sana
para que puedas mejorar la calidad de vida más
fácilmente?

Estos son algunos consejos para cuidar tu alma:

- **Meditación**

La meditación se ha convertido en una nueva
tendencia y estilo de vida en el mundo actual. Tiene
grandes beneficios para tu cuerpo, mente y alma. La

meditación fortalece tu alma y se convierte en una gran fuente de amor, fuerza y sabiduría. También ayuda a alcanzar una conciencia superior. Se recomienda la meditación regular. Primero, dedica de 15 a 30 minutos al día a realizar ejercicios de respiración. Cuanto más medites, más fácil será lidiar con los problemas cotidianos.

- **No pienses demasiado**

No se puede resolver todo junto. La vida se trata de aprender y descubrir cosas nuevas. Pensar demasiado en tus problemas a veces puede conducir a más problemas. Debes resolver un problema a la vez.

- **Aprende a perdonar**

Como se mencionó anteriormente, no solo necesitas aprender a perdonar a quienes te han hecho daño, sino que también debe aprender a perdonarte a ti mismo. El perdón te libera de la negatividad, la ira, el dolor y el resentimiento.

- **Acepta y abraza tus imperfecciones**

Nadie es perfecto. No creas que los demás son mejores que tú. Cada uno tiene sus propias deficiencias. Aprende a aceptar tus imperfecciones y a aceptarte a ti mismo como un todo. Tus errores hacen que las cosas sean interesantes y ayudan a revelar tu personalidad.

- **Tomar un descanso**

Trata de tener algo de tiempo para ti mismo al menos una vez a la semana. Deshazte de cualquier cosa que te haga sentir estresado y cansado. Esto significa que tu tiempo "especial" debe estar libre de Internet, correo electrónico, llamadas telefónicas y otras distracciones.

La mejor manera de relajarse es viajar a lugares tranquilos.

• **Practica la menor resistencia.**
Algunas personas gastan demasiada energía del alma tratando de desarrollar resistencia a ciertas cosas, situaciones o personas con las que no quieren tratar. Sería mejor si encuentras cosas o situaciones que no sean conflictivas con tu manera de ser; pero si no lo puedes evitar, tienes que aceptar la situación y decidir cómo adaptarte a los cambios que traerán estas experiencias.

• **Lee libros para expandir tu mente e imaginación.**
Dicen que los libros son alimento para el alma. En este sentido, la lectura de libros es muy recomendable para expandir la mente y la imaginación. Las tiendas en línea y fuera de línea ofrecen una amplia gama de títulos de ficción y no ficción para ayudarte a mejorar tu cognición social, aumentar tu conciencia de la realidad y alimentar tu cerebro.

• **Haz las paces contigo mismo**
Puedes ser una persona compasiva que siempre trata de complacer a los que te rodean y satisfacer sus necesidades. Pero, ¿estás mostrándote suficiente compasión? ¿Estás lleno de lo que necesitas para nutrir tu mente, cuerpo y alma? Eres responsable de tu alma y de tus elecciones, acciones, pensamientos y necesidades.

Utiliza tu sistema de apoyo para cuando las cosas no salgan según lo planeado. Las personas a menudo recurren a su sistema de apoyo para que les brinde el coraje y el aliento que necesitan para superar los momentos difíciles.

Aquí hay algunos consejos útiles para construir tu propio sistema de apoyo:

• **Seguir el principio de dar y recibir**
Antes de comenzar a construir tu sistema de apoyo, aprende cómo ayudar a las personas en su sistema de apoyo para que luego te ayuden. Así mismo, por cada apoyo y aliento que recibes de ellos, debes corresponder apoyando a cada miembro de tu sistema ayudándolos a lograr sus objetivos.

• **Participar en diferentes intereses**
Para tu sistema de apoyo personal, puedes participar en una variedad de intereses que pueden ser importantes para ti cuando necesites cambios saludables en tu vida. Participar en diversas actividades solidarias también te permite crecer como persona.

• **Ampliar tus horizontes**
Tus amigos cercanos, colegas y familiares pueden ser excelentes miembros de tu equipo de apoyo. Pero en algunos casos, puede ser mejor ampliar tus horizontes y considerar a las personas que conoces en otros lugares. Las relaciones que construyes con personas que apenas conoces al principio, pero que están dispuestas a apoyarte en cualquier forma posible, pueden ayudarte a construir una comunidad de perspectivas, habilidades, conocimientos y experiencias compartidas que tal vez no conocías. Tener un equipo de apoyo a tu alrededor hará que sea más fácil y cómodo para ti superar cualquier problema

y desafío que la vida te pueda presentar. Un equipo así también puede llenarte de ánimo y motivación, que es la clave del éxito.

• **Adopta una mentalidad de "aquí y ahora".**
Las personas tienden a arrepentirse de sus errores pasados y trabajan duro para protegerse de errores futuros. Este comportamiento les impide ver y aprovechar las increíbles oportunidades que ahora están disponibles para ellos. La siguiente información te ayudará a aprender más sobre el "aquí y ahora"

Vale la pena esperar algunas cosas en la vida. ¡Pero también hay cosas que vale la pena hacer ahora mismo! Practicar una mentalidad de "aquí y ahora" te mantiene alerta y consciente. Mindfulness te permite centrarte en el presente. Promoverá la fuerza, la energía y la paz necesaria para estabilizar todo en tu vida. Practicar una mentalidad de "aquí y ahora" requiere disciplina, ya que implica realizar ejercicios que aumentarán la capacidad de estar atento a diario. También requiere desviar la atención del pasado y el futuro cuando no es necesario. Saber cuánto tiempo necesitas para lograr tus objetivos es fundamental para concentrarte en tu vida ahora. Practicar la atención plena también puede ser útil para lidiar con las emociones, los pensamientos y las reacciones. Hacer algo de ejercicio también puede ayudarte a concentrarte más. Estos incluyen la meditación, la observación consciente y la respiración profunda.

Usa afirmaciones para mantenerse en el camino:

Las afirmaciones están disponibles para que todos vivan su mejor vida. Las afirmaciones son declaraciones e ideas poderosas y positivas que puedes usar para aumentar tu riqueza personal, espiritualidad, relaciones, salud y carrera. La capacidad de las personas para mantener una actitud positiva y pensar positivamente puede determinar el estado de tu vida emocional.

La siguiente información puede ayudarte a comprender cómo usar las afirmaciones para lograr soluciones positivas.

- **Definición positiva**

Las afirmaciones son declaraciones diseñadas para reprogramar el subconsciente de las personas con pensamientos positivos para que puedan eliminar cualquier negatividad que les impida alcanzar sus sueños. Las afirmaciones positivas te hacen sentir más fuerte y te ayudan a tomar decisiones más positivas e informadas.

Si utilizas visualizaciones y afirmaciones positivas en todo lo que haces, te será más fácil lograr lo que deseas. Esta se considera una de las estrategias más poderosas y efectivas que puede usar si desea mejorar tu vida.

Puedes crear tus propias afirmaciones positivas utilizando un lenguaje sencillo para expresar o mostrar el mensaje que desea transmitir. Las declaraciones afirmativas se expresan de manera clara y concisa en tiempo presente. También debes asegurarte de que se cuenten en primera persona. No importa lo que sueñes, si tienes enfoque y una mentalidad positiva, estarás más cerca de lograrlo.

Ejemplos de afirmaciones positivas:

• Soy capaz de lograr mis metas.
• Soy una persona valiosa y digna de amor.
• Me doy permiso para equivocarme y aprender de mis errores.
• Me acepto tal y como soy, con mis virtudes y defectos.
• Soy agradecido por las cosas buenas en mi vida.
• Tengo el poder de cambiar las cosas que no me gustan de mi vida.
• Soy fuerte y capaz de superar las adversidades.
• Tengo un gran potencial y puedo alcanzar todo lo que me proponga.
• Me doy permiso para ser feliz y disfrutar de la vida.
• Soy una persona única y valiosa con mucho que ofrecer al mundo.

Ventajas de una mentalidad proactiva

Una mentalidad activa puede tener muchos beneficios para tu salud en general. Es un factor importante que afecta directamente cómo piensan las personas acerca de crear la vida que desean. Puede parecer sencillo ser positivo, pero en realidad no es fácil. Pero cuando te conviertes en uno de ellos, puedes ver varias mejoras en tu vida.

Aquí hay algunos beneficios que obtendrás de una actitud positiva:

Uno de los beneficios del pensamiento positivo es que puedes crear armonía en tus relaciones. Esto se debe a que una actitud con este sentido te permite ver los lados positivos de diferentes personas en lugar de los defectos y errores.

Otra ventaja es que las personas positivas pueden mantener una perspectiva más amplia y encontrar soluciones a los diversos problemas que enfrentan. Una actitud positiva también puede promover una mejor salud, reducir el estrés y mejorar el enfoque.

Las personas positivas tienden a manejar las cosas mejor que las personas negativas. Son más capaces de concentrarse en encontrar soluciones en lugar de distraerse con la negatividad. Además, la forma de pensar de las personas afecta directamente su salud. Por lo tanto, si superas los pensamientos negativos, disminuirán tus posibilidades de contraer diversas enfermedades. Además, podrás afrontar cualquier situación estresante aumentando tu atención. Esto puede ayudarte a preocuparte menos y sobrellevar mejor las situaciones.

Los pensadores positivos también son más resistentes. Esto significa que tienen la capacidad de superar las dificultades o hacer frente a los problemas. En lugar de perder la esperanza y darse por vencidos, hacen todo lo posible para encontrar formas efectivas de resolver los dilemas. Lo más importante es que una actitud positiva te permite cambiar no solo las circunstancias, sino también la vida. Puedes conducir a una vida más exitosa y feliz. Los beneficios positivos nunca pueden subestimarse. ¡Cambiar tus comportamientos y actitudes actuales a otros positivos te ayudarán mucho a hacer cambios productivos en todas las áreas de tu vida!

Capítulo 3
Autocontrol total

¿Sientes que estás perdiendo el control de ti mismo? ¿Estás listo para tomar el control de tu destino?

Tomar el control de tu vida puede hacer que te sientas más empoderado. Muchas veces las personas dejan que otras tomen el control de sus vidas. A veces es fácil caer en esta trampa. Si te das cuenta de que dejas que otros te controlen para no causar un malestar, sigue leyendo para obtener información útil que te ayudará a volver al camino del autocontrol total. Echa un vistazo a algunas de las situaciones que detallaré a continuación para ver si estás en una similar:

1.   Cuando alguien te dice cosas desagradables y tú no reaccionas. Luego pasas a su lado y nunca respondes. Mantienes todo el dolor dentro, pero nunca le dejas saber al otro que te está lastimando.

2.   Nunca das una opinión sobre nada. Te preocupa que, si dices lo que los otros no están pensando, puedan suponer que eres un tonto o se rían de ti.

3.   Siempre necesitas que la gente te valide o te haga sentir bien antes de actuar. Eres un buscador de validación. Tienes miedo de levantarte y tomar una decisión.

4.   Simplemente vives la vida de otras personas. No tienes estructura en tu vida. Estás listo para aceptar

los planes de otras personas, pero no tienes planes propios.

5.   Tienes muchas metas y sueños, pero no te atreves a realizarlos. Tú mismo piensas que no puedes. Por eso tienes miedo de probar cosas nuevas.

6.   Tienes muchos talentos, pero también miedo de mostrar todo tu potencial. Te sientes a la deriva del flujo de la vida, contento con el status quo, por lo que no innovas.

Si alguna de las afirmaciones anteriores se aplica a ti, es hora de asumir la responsabilidad de tu vida. Te mereces algo mejor que los límites que te pones o que te imponen.

Tu opinión importa y mereces ser escuchada. No necesita la aprobación o el consentimiento de otras personas para tomar decisiones. Cuando comiences a tomar tus propias medidas, comenzarás a sentirte mejor contigo mismo. Te mereces una estructura de vida y un plan de acción para que tu vida sea más exitosa y placentera. Mereces alcanzar tus metas y sueños. Nunca te digas a ti mismo que no puedes hacer nada.

Si puedes ver algo en tu mente, tienes la fuerza interior para hacerlo realidad.

Nunca tengas miedo de mostrarle a la gente todo tu potencial. No dejes que otras personas te controlen y no tengas miedo de probar cosas diferentes ni arriesgadas. Cuanto más salgas y pruebes cosas nuevas y obtengas cosas que has estado evitando, mejor te sentirás contigo mismo. Eres capaz de muchas cosas maravillosas. Es hora de tomar el control y de ser quien deseas ser.

La psicología se refiere a las personas que no tienen el control de sus vidas como individuos con baja autoeficacia. La autoeficacia se refiere a la creencia de una persona en su capacidad para ejecutar las acciones necesarias para alcanzar un objetivo. Las personas con baja autoeficacia tienden a evitar desafíos, tienen pocas metas y expectativas, y tienen una falta de confianza en sus propias habilidades.

La falta de control en la vida puede ser causada por varios factores, como la falta de oportunidades, la falta de recursos, la discriminación, la opresión, entre otros. Los psicólogos trabajan para ayudar a las personas a aumentar su autoeficacia a través de varias técnicas, como el desarrollo de habilidades, la exposición a desafíos, la reflexión sobre el pensamiento y la conducta, y la construcción de una red de apoyo.

Además, la psicología también se enfoca en el estudio de las estrategias de afrontamiento y resiliencia para ayudar a las personas a sobrellevar situaciones difíciles y encontrar maneras de sentirse más en control de sus vidas.

En resumen, la psicología se enfoca en ayudar a las personas a aumentar su autoeficacia y desarrollar estrategias para sentirse más en control de sus vidas, independientemente de las circunstancias.

Comprender y controlar tus emociones

Para poder controlar tus emociones, primero debes entender qué es lo que te hace sentir de esa manera. Quieres entender por qué manejaste la situación de la forma en que lo hiciste. Al comprender por qué haces las cosas de la manera que lo haces, puedes obtener más control sobre ti mismo.

Otro consejo en la misma dirección, es que antes de insistir en una postura que puede rivalizar con otra, es que te preguntes ¿por qué pienso lo que pienso? Y quizás descubras el origen de tu postura y te permitas modificarla.

Prueba este sencillo ejercicio para ayudarte a comprender cómo te sientes. Siéntate derecho en una silla cómoda y presta mucha atención a las sensaciones en diferentes partes de tu cuerpo. Presta atención a cómo respiras. ¿Inhalas por la nariz o por la boca? ¿Tu respiración es profunda o superficial? ¿Hay alguna parte de tu cuerpo que está tensa? Simplemente siéntate durante unos minutos y conoce cómo reacciona tu cuerpo al sentarse quieto en una silla. Ahora presta mucha atención a cualquier sensación, imagen o recuerdo que surja. ¿Qué dicen esas sensaciones sobre ti? ¿Tienes sentimientos positivos o negativos? Cuanto más entiendas cómo te sientes, más entenderás tus sentimientos. Si te sientes mal, dite a ti mismo que está bien estar así ahora. No intentes analizar cómo te sientes en ese momento. Solo deja que tus sentimientos se muestren. Si estás cómodo y relajado, ponte cómodo. Si percibes miedo o enojo, permítete averiguar qué lo causó. Si sientes dolor, permítete sentirlo y observa la causa del dolor.

Deja ir todas tus emociones y reconócelas. Al aprender a comprender tus emociones, puedes obtener más autocontrol.

Sin importar cómo estés, reconoce que hay una razón para tus sentimientos. Pregúntate suavemente por qué te sientes así. ¿Hay algo que te haga sentir así? ¿Hay algún sonido u olor que te recuerde algo que te hizo sentir así?

Intenta profundizar en tu subconsciente y ve si puedes descubrir la razón de cómo te sientes. Cuanto más aprendas a reconocer tus emociones, más fácil será descubrir cómo cambiarlas cuando sea necesario. Concéntrate en tu estado actual y exprésalo haciendo un sonido. Puedes gritar, llorar, respirar profundamente; puedes reírte o hacer cualquier otro ruido para expresar tus emociones. Si te sientes triste, puedes asegurarte de que todo estará bien. Déjate sentir todas las emociones y consuélate. Permítete reconocer completamente por qué te sientes de la forma en que lo haces y luego permítete dejar ir ese sentimiento. Cuanto más te conozcas a ti mismo, más podrás lograr un completo autocontrol.

Para lograr un autocontrol completo, primero debes decidir qué quieres de la vida.

¿Cómo describirías tu vida ideal? ¿Cuáles son sus esperanzas y sueños? ¿Buscas amigos y relaciones? ¿Quieres más dinero y un mejor estilo de vida? ¿Quieres tener una mejor salud? ¿Quieres un mejor trabajo o más desafiante? ¿Alguna vez has intentado hacer un cambio en un área de tu vida que querías modificar, pero no podías? ¿Qué hiciste que no funcionó para ti y qué crees que podrías haber hecho de manera diferente para que funcione ahora? Tal vez usar un enfoque diferente al de la primera vez funcione esta vez. Míralo desde un ángulo diferente y ve si se te ocurren ideas que te ayuden a tener éxito esta vez.

Independientemente de lo que quieras hacer para conseguir tu vida ideal, empieza a hacer las cosas que tienes que hacer para llegar allí. Si deseas una mejor salud, ¿qué cambios necesitas hacer para lograrlo? Si deseas tener más dinero, pero tienes pensamientos negativos al respecto, intenta cambiar estos pensamientos por otros positivos. Si quieres un mejor trabajo, ¿qué necesitas hacer para que esto suceda? Tómate el tiempo para pensar en todas las cosas diferentes que quieres de la vida y luego escribe todo lo que necesitas hacer para lograr esas cosas. Saber lo que quieres de la vida te pone en el camino para lograr el autocontrol. Si sabes lo que quieres, hazlo con todo lo que tienes. Cultiva una actitud positiva para lograr todas tus metas. Desarrolla tus habilidades y esfuérzate todos los días y tu confianza crecerá.

La clave del éxito está en tus manos. Todo lo que tienes que hacer es extender la mano y agarrarlo. Al dar algunos pasos cada día y trabajar hacia la vida que deseas, cada día será un poco más fácil y estará más cerca de lograr tus objetivos.

Desarrolla estas cualidades para el éxito

Para lograr el éxito descado en la vida, debes trabajar en tu desarrollo personal. Cada vez que logras tus metas, aumenta tu confianza, mejoras tus relaciones, te acercas más a tus metas financieras y comienzas a sentirte mejor con tu vida en general. Trabaja en el desarrollo de estas importantes habilidades y obtendrás más autocontrol en poco tiempo.

Ahora decides que quieres ser una persona más segura. Dite a ti mismo todos los días que crees en ti mismo y sabes que puedes lograr tus objetivos en la vida. Si no tienes confianza, si no crees en ti mismo, es muy difícil lograr el autocontrol completo. Dile a tu subconsciente todos los días que eres una persona segura de sí misma y que sabes que puedes hacer cualquier cosa que te propongas.

Mantente positivo:

Cuando tienes una actitud negativa, la mala fortuna siempre se interpone en el camino; puede drenar tu energía y hacerte sentir que no puedes alcanzar tus metas. Si te permites ser negativo y decir, "oh, no puedo hacer esto", tu mente subconsciente se hará cargo y te dirá que todo está bien, que realmente no puedes porque eres un débil. Cuando esto suceda, será difícil conseguir lo que quieres. Tienes que decirte una y otra vez que puedes hacerlo, y luego expresar lo que quieres. Dile a tu mente subconsciente, quiero hacerlo, sé que puedo hacerlo. Al repetir esto constantemente en tu subconsciente, no tienes más remedio que creer y hacer.

Aprende a comunicarte de manera efectiva con los demás

No hay nada más importante que aprender a comunicarse bien con los demás. Si estás en una habitación con otras 20 personas y les dices exactamente la misma palabra a cada una de ellas, a cada una se le ocurrirá algo diferente. Por eso es tan importante aprender a comunicarse bien. Cuando hables con las personas, pídeles que repitan lo que dijiste y lo que creen que quisiste decir. De esa manera, estarás más seguro de que entienden lo que está tratando de decir.

Tómate el tiempo para aprender la entonación correcta y usar la técnica correcta dependiendo de con quién estés hablando. Tómate el tiempo para aprender nuevo vocabulario y habilidades de escritura que mejorarán tus habilidades de comunicación.

Aprende a manejar el estrés

Si te estresas cada vez que las cosas no salen bien, será difícil que lo consigas. Tómate un tiempo todos los días para hacer ejercicios de relajación y aprender a lidiar mejor con la ansiedad. Cuanto más uses el estrés y las técnicas de estrés, mejor serás para enfrentar los desafíos que tengas al frente.

No dejes que el miedo gobierne tu vida.

Cuando sientas miedo, pregúntate si es un miedo racional. Si no, dite a ti mismo que no lo es. El miedo es un obstáculo para lograr tus objetivos. Te impide tener éxito, lo que te hace temer dar el siguiente paso. No dejes que te controle. Tú lo controlas. Acéptate a ti mismo, date cuenta de tu yo único

Deja de ser el "bueno"

Si eres como muchos otros, siempre estás tratando de complacer a los demás para ser aceptado. El problema es que puede hacerte sentir deprimido o infeliz, o "usado". No tiene nada de malo preocuparse por otras personas y pensar en sus sentimientos, pero si siempre estás sufriendo, con el tiempo la gente no querrá estar contigo.

Puedes ser considerado con los sentimientos de otras personas mientras te cuidas a ti mismo. Sólo tienes que encontrar algún tipo de equilibrio. Al ser tú mismo, te empoderas a ti mismo. Te ayudará en todas las áreas de tu vida. Mereces alcanzar tu potencial y ser tú mismo. Lo primero que tienes que hacer es conocerte a ti mismo y lo que te gusta. Si siempre estás haciendo lo que los demás quieren, es posible que ni siquiera estés seguro de lo que realmente te gusta hacer. Tómate el tiempo para notar cada cosa que haces con otras personas. Presta especial atención si te diviertes. Si no estás satisfecho con estos pasos, la próxima vez que te pidan que participes, sugiere algo más o rechaza la oferta.

Puedes mirarte en el espejo y familiarizarte con tu forma de actuar, vestir, caminar y hablar. ¿Es esto lo que realmente eres o lo que crees que los demás esperan que seas? Es posible que desees pedirle a un amigo o familiar que te ayude a analizarte a ti mismo. Es posible que necesites piel dura para hacer frente a lo que te digan. Solo asegúrate de encontrar a alguien que pueda ser honesto contigo.

Eres diferente a todos los demás en el mundo. Tienes tus propias cualidades "únicas" que nadie más tiene. Cuando evalúes tu personalidad, trata de averiguar si tienes más rasgos negativos o positivos. Debes aprender a aceptarte y recordar que eres único y especial. Cuando veas un rasgo negativo mostrando su lado oscuro, solo grita ¡DETÉNTE! y reemplázalo con algo positivo.

Los demás deben respetarte como te respetas a ti mismo. Incluso si sabes que tienes algunas malas cualidades, te das cuenta de que puedes cambiarlas y que mereces el respeto de los demás. Nunca dejes que los demás te juzguen y, sobre todo, no te juzgues a ti mismo de manera dura. Si te sorprendes haciendo esto, recuerda rápidamente que eres digno de respeto.

Una vez que te des cuenta de lo maravilloso y especial que eres, tómate un tiempo para conocerte a ti mismo. Date cuenta de que cuando te aceptas y te respetas a ti mismo, todas las áreas de tu vida mejorarán. Ganas más confianza y autoestima, lo que a su vez hace que sea más fácil controlarte.

Ejercita el "NO"

Aprender a decir "no" es importante por varias razones. En primer lugar, es una habilidad clave para establecer límites y defender tus derechos y necesidades. En segundo lugar, ayuda a evitar sobrecarga y estrés al no aceptar tareas o compromisos que no puedes cumplir. En tercer lugar, te permite enfocarte en las cosas que realmente son importantes para ti y alinear tus acciones con tus valores y metas. Por último, decir "no" a menudo requiere coraje y confianza en uno mismo, lo que puede mejorar la autoestima y la autoimagen.

Tienes derecho a tu propio poder personal.

Una fuerza poderosa reside en cada uno de nosotros. La mayoría de la gente no es consciente de este poder. Se sienten víctimas en sus vidas y actúan impotentes. Cuando te das cuenta de que tienes esta poderosa fuerza dentro de ti, puedes cambiar tu vida para mejor. Depende de si usas tu poder para bien o para mal. Si lo usas constantemente, encontrarás que todos los aspectos de tu vida mejoran. Si lo usas para el mal, destruirá todo a tu paso y tu vida quedará vacía y triste.

Si no usas tu poder personal, permitirás que otros usen tu poder para controlarte. Cuando esto sucede, permites que otras personas te dominen y controlen. Todo lo que hará por ti es hacerte sentir impotente y, por lo tanto, las personas se alejarán de ti por considerarte un pusilánime.

Tómate un tiempo para examinar tu comportamiento. ¿Siempre te encuentras dejando que otros controlen tu vida? ¿Te sientes impotente, pero sigues haciéndolo? Comienza hoy dándote cuenta de que tienes el poder y permítete tener el control de tu vida de la manera que quieras que sea. Si otras personas intentan controlarte, diles que no lo vas a tolerar más y que lo sientes si no les gusta, pero que tienes que hacerlo. Tómate el tiempo para dejar de lado las creencias que te retienen. Cambiar viejos hábitos puede ser muy difícil, pero se vuelve cada vez más fácil si los cambias poco a poco.

La verdad es que nadie es impotente. Las personas que se sienten controladas por los demás suelen permitirse escapar una vez antes de que las cosas se pongan aún más feas.

Si te sientes impotente ante una persona (pareja, jefe, etc.) tu actitud se convierte en un hábito. Este es un molde que debe romperse para poder recuperar tu poder personal.

Cuando permites que alguien te quite tu poder personal, puedes tratar de justificarlo, pero a la larga sabrás que no es lo correcto. Puedes pedirle a alguien que sienta lástima por ti porque esa persona te está controlando. Si te encuentras haciendo esto, debes detenerte de inmediato y abandonar la conversación. Una vez que estés solo, escribe exactamente lo que sucedió y luego analízalo para ver cómo puedes cambiar la situación y recuperar el control de tu poder personal. Una vez que derribes los muros y dejes de permitir que la gente te intimide, tu vida comenzará a mejorar. Descubrirás que tu confianza crece cada vez que te defiendes.

Tu potencial y cómo conservarlo

Cada uno es único y tiene un potencial increíble. Cuando eras un niño, aprendiste sobre su potencial de tus padres. Cuando creces y vas a la escuela, aprendes de tus maestros y otros estudiantes.

Tú determinas tu potencial en función de cómo te tratan los otros, cómo te ven los demás, cómo te comparas con los talentos de otras personas, si ellas son más inteligentes que ti o muchos otros factores. A medida que creces, es posible que tengas un falso sentido de tu potencial basado en algunas de estas cosas.

Tu potencial es esencialmente lo que sabes que puedes hacer. Descubrir en qué eres bueno te pondrá en el camino para fortalecerte. ¿Por qué no enumeras todos tus talentos y las cosas en las que eres bueno? No importa cuán pequeños sean, sigue escribiendo hasta que hayas detallado todas las cosas que quieres hacer. Te sorprendería la cantidad de potencial que tienes y que ni siquiera estás usando. Ahora que has enumerado tus talentos, ¿por qué no haces una lluvia de ideas y encuentras formas de usarlas? Comienza con un pequeño conjunto de ideas para que no te sientas abrumado. Luego trabaja en un elemento de la lista hasta que termines. Sentirás que lo has hecho y luego podrás pasar al siguiente de tu lista. Una vez que hayas terminado tu primera publicación, puedes pasar a una nueva.

Tú decides cuánto tiempo estás dispuesto a dedicar a realizar tu nuevo potencial. Recuerda, cuanto más inviertes, más control obtienes.

Eres el único que tiene el control de tu vida. Puedes dejar que otros lo hagan, pero aún tienes el control de tu vida. Es tu elección decir que ya no permites que otros te controlen. "¡Tengo el potencial y el talento para controlarme!", dilo en voz alta.

Cree en ti mismo para tener éxito

¿Crees que eres capaz de hacer cualquier cosa que te propongas? ¿Sabías que no importa lo que puedas pensar o soñar, tienes el poder de hacerlo realidad? Tu mente no puede percibirlo si no puedes realizarlo. Si hay algo que quiere hacer, pero tiene miedo de comenzar, da pequeños pasos si es necesario, pero comienza ahora.

Observa cualquier cambio como una oportunidad para crecer. Cada vez que haces el cambio más pequeño en tu vida, tienes la oportunidad de crecer y tener éxito en formas que nunca creíste posible. Deshazte de las viejas creencias y reemplázalas por otras nuevas. Casi todas las creencias que tienes han sido programadas en tu subconsciente a lo largo de tu vida como resultado de cómo te tratan los demás o cómo permites que te traten. Depende de ti crear un nuevo sistema de creencias y convencer a tu mente subconsciente de que estas cosas son ciertas. Una vez que te deshagas de las viejas creencias negativas y las reemplaces por otras positivas, tendrás más control sobre tu vida.

Aprende a cuestionar cada creencia verdadera que hayas tenido. Tómate un tiempo para ver si esto es cierto o si tienes una programación incorrecta en tu cabeza. Una vez que cambies tus creencias limitantes y adoptes otras nuevas, encontrarás que todas las áreas de tu vida comenzarán a sentirse más fáciles. Tu confianza aumentará. Te vuelves menos pesimista. Te convertirás en una persona más optimista. Conseguirás tus objetivos más fácilmente. Aprenderás a aceptarte como una persona única y especial. Tu confianza aumentará. Antes de que te des cuenta, tendrás el control total.

Capítulo 4
Mentalidad proactiva

Puede ser difícil para muchas personas lograr una mentalidad positiva. La vida puede ser difícil por muchas razones diferentes y existe una amplia variedad de aspectos que pueden afectar negativamente tu estado de ánimo.

Afortunadamente, hay muchas formas de dar a nuestra mente la mejor manera posible de ser positiva. En este capítulo, nos enfocamos en siete consejos prácticos que te darán una mentalidad más proactiva y mejorarán tu vida.

Si sigues estos consejos, tendrás muchas más posibilidades de obtener felicidad y éxito tanto en tu vida personal como en tu carrera.

1.   Convierte las fallas en lecciones

¿Alguna vez te preguntaste por qué las personas exitosas ponen tanto énfasis en aprender de los errores? Es una verdad universal que la vida se trata de convertir tus fracasos en un camino de éxito, pero también es a través de los mismos fracasos que nos exponemos a las duras realidades de la vida.

El secreto radica en aprender de tus fracasos en lugar de decepcionarte por ellos. Como regla general, este principio se puede aplicar en todos los ámbitos de la vida, pero se vuelve muy evidente en nuestra práctica diaria.

La dura realidad es que te enfrentarás a múltiples puntos de fallas en lo que respecta a las relaciones personales y los trabajos que realizas.

Acepta tus fracasos

El poder de aceptar tus errores es la primera regla que debes tener en cuenta. En esencia, aceptar el fracaso demuestra tu voluntad de aprender. Algunos de nosotros, por ambición o egoísmo, negamos el hecho de que fracasamos y, en cambio, culpamos a los demás de nuestros errores como una fuente para mantenernos motivados. Esto puede ser catastrófico para tu carrera o tu vida. Si no aceptas tus frustraciones, es probable que tu capacidad de aprendizaje permanezca estancada.

No dejes que el fracaso te consuma

Cuando hayas fallado en un proyecto determinado, no creas que debería haber sido fácil. Será difícil, te pondrán a prueba y la carga de probarte a ti mismo será inmensa. Este es el punto donde la mayoría de la gente se derrumba. O se rinden o se acostumbran a los fracasos y se olvidan de aprender. Aquí es donde debes aceptar el hecho de que cometiste el error y estás dispuesto a demostrar tu valía.

No temas al fracaso

No tengas miedo de fallar. El fracaso en sí mismo no es peligroso. El peligro radica en el miedo a afrontar el fracaso mismo. La cosa es cuando fallamos y tememos perder el respeto de un compañero, amigo, o ser cercano. Nuestro instinto nos dice que tal situación debe evitarse en el futuro, ya que hay que conservar los afectos para sentirnos útiles. Aquí es donde necesitas cambiar tu forma de pensar. No evites las posibilidades de fallar. Más bien, cuando te enfrentes al fracaso, aprende y asegúrate de no repetir el mismo error; las personas te verán como un luchador.

Para tener éxito tu deseo de alcanzarlo debe ser mayor que tu miedo al fracaso - Bill Cosby

La constancia es la clave del éxito

No estamos hablando de cometer seguidamente los mismos fallos. Hacemos hincapié en que el aprendizaje de los errores debe ser continuo. De hecho, puedes fallar varias veces y verte abrumado por las críticas; pero si no avanzas, no aprenderás nada importante en el camino. Se trata de cómo lidias con las críticas y de ser constante en tus superaciones.

La lógica te llevará de la a a la z. la imaginación te llevará a cualquier lugar - Albert Einstein

Aprende de los errores de los demás

No eres el único que falló. Todas las personas exitosas han fracasado en algún momento, solo que los conocemos recién cuando están en el podio de los ganadores.

Todos hacemos las cosas diferentes y con distinta calidad, a veces somos mejores que otros, y seguramente peores que otros tantos. El punto es que veas el mundo en el que vives como un lugar donde siempre hay oportunidades para aprender y mejorar. Educarse de los errores de los demás es una excelente manera de evitar repetirlos en el futuro.

2. Enfócate en lo bueno

Puede parecer fácil centrarse en lo bueno, pero ¿lo es? Los medios de comunicación están llenos de todo tipo de noticias negativas. Cada día tiene sus propios desafíos. Las sonrisas forzadas se han vuelto comunes. La risa real se ha convertido en un espejismo. Es fácil perderse en la negatividad, pero recuerda las palabras de John Milton: "La mente elije su lugar, puede convertir el infierno en cielo y el cielo en infierno". Estas palabras están destinadas a asegurar que te concentres en las cosas buenas.

Tu actitud, no tu aptitud, determinará tu altitud - Zig Ziglar

- **Alrededor tuyo cuenta las cosas buenas**

Aunque sean pequeñas, son tangibles. Solo recordar las cosas que salieron mal te pondrá nervioso y molesto. Como resultado, tu salud puede sufrir.

Incluso en tiempos oscuros, hay muchos aspectos de la vida por los que estar agradecido. Recordar todas las cosas buenas de la vida evitará que te detengas en los aspectos negativos y te permitirá tener una mentalidad más positiva.

Una forma de asegurarte de concentrarte en las cosas buenas es identificar tus puntos fuertes, las cosas que te hacen feliz. Es así de simple. Cuando se trata de la familia, guarda esos videos de momentos familiares en tu dispositivo móvil y disfrútalos cuando las cosas se vean sombrías.

¿No estás seguro de lo que te hace feliz? Bueno, todos tienen algo o alguien que los hace felices. Solo tienes que hacer un poco de auto-reflexión para encontrar lo tuyo, y cuando lo hagas, crea hábitos que te hagan feliz. Afortunada o desafortunada, la vida no es un videojuego, así que sé feliz cuando tengas la oportunidad.

- **Meditar más**

Centrarse en lo bueno puede ser difícil debido a la negatividad del mundo que te rodea. Una forma de bloquear estas vibraciones y energías negativas a tu alrededor es a través de la meditación. La meditación es como despejar la mente; lo cual puede ser genial considerando la toxicidad en el mundo en este momento. Como un cheque en blanco, tu mente se refresca después de practicar la meditación y tienes una oportunidad única de llenar tu mente solo con cosas buenas.

La meditación puede ayudarte a comprender cómo funcionan tus pensamientos, que puedes usar a tu favor y ver solo lo bueno en todo.

- **El significado lo es todo**

Como contemples el mundo así será tu bienestar.

El debate entre vaso medio vacío y medio lleno lleva entre nosotros largo tiempo. Una misma situación puede ser vista de dos maneras distintas; si en ti prevalece la perspectiva negativa, es momento de luchar contra ella; es difícil, pero debes comenzar ahora.

Se dice que a los que esperan les suelen pasar cosas buenas, pero esto puede estar equivocado. Mientras abramos los ojos y miremos, la belleza que nos rodea es suficiente. Tal vez así no sigamos esperando lo que ya está frente a nosotros.

Tienes que hacer las cosas que crees que no puedes hacer - Eleanor Roosevelt

3. Empieza el día con buen humor

Trae un nuevo día de alegría a tu vida por la mañana. La forma en que comienzas tu día determina el resto de tu jornada y, en términos más generales, tu perspectiva de la vida. Si no eres una persona madrugadora y te despiertas cansado, puedes terminar sin ver lo bueno que podría pasar durante el día.

• **Agrega un pensamiento positivo**

Si pasas por alto los pequeños detalles y aspectos de tu vida por los que deberías estar agradecido, tus mañanas pueden resultar simplemente ser una rutina. Debes agregar algo tan simple como un poco de pensamiento positivo. Todo lo que tienes que hacer es intentarlo. Cada día trae nuevas oportunidades, solo hay que aprovechar cada día y tomarse un momento para apreciar las pequeñas cosas bellas. Todas las pequeñas cosas que haces por la mañana pueden energizar tu día.

Lo primero que debes hacer al despertar es, simplemente, pensar en las cualidades positivas que te hacen feliz a ti o a los que te rodean; las cosas en las que eres mejor. Te animarás a despertarte de buen humor y podrás aprovecharlo al máximo. Un estudio encontró que las personas que mostraban gratitud no solo tenían una perspectiva optimista de la vida, sino también buena salud debido a su actitud positiva. Estirarse durante unos minutos en la cama puede mejorar tu estado de ánimo y aumentar tu energía porque libera dopamina. Se la considera una hormona para el bienestar, a la vez que te mantiene enfocado y motivado durante todo el día. Cierra las cortinas y deja que el sol, el canto de los pájaros y el aire fresco te inunden.

- **No escatimes en dormir**

Un buen día requiere un buen sueño. Las personas que se acuestan temprano se despiertan con la mente tranquila. Cuando duermes lo suficiente, tienes el tiempo necesario por la mañana para hacer cosas que te hacen feliz, como salir a caminar, cuidarte o dedicarte a tus pasatiempos.

No tienes que obligarte a empezar tu día preocupado por lo que debes hacer. Comenzar con una mente feliz y tranquila también puede llevar tu día en una dirección positiva. Llegar tarde al trabajo o perderse algo que quieres hacer es una mala manera de empezar el día. Un día activo requiere una lista de tareas pendientes. Ya sea que tengas que completar una tarea abrumadora o un pequeño acto de bondad, todo lo que necesitas es un plan. Las cosas se hacen eficientemente con la mente clara. Las personas que hacen las cosas de manera desorganizada a menudo no obtienen los resultados que desean. Tu plan te ayuda a priorizar y prepararte para el día que tienes por delante.

Otra cosa que te mantiene motivado a lo largo del día es cómo quieres que termine. Planear algo divertido puede ser tan divertido como el evento mismo.

4. Rodéate de gente positiva

Los pensamientos y las actitudes son contagiosas. Las personas que nos rodean influyen en lo que somos. Por ejemplo, un nutricionista diría que somos lo que comemos. Del mismo modo, un entrenador de relaciones dirá que somos con quienes trabajamos. Si nuestros círculos sociales están llenos de personas negativas, nos convertimos en personas negativas. Si te rodeas de gente positiva, serás una persona positiva.

Entonces, ¿qué pone este contexto de relación en una luz positiva? Ya sean amigos, colegas o familiares, las personas positivas ven la luz en la oscuridad y la esperanza en la desesperación. Un colega optimista te motiva cuando estás deprimido por tareas fallidas. Ten la seguridad de que tus amigos o familiares te dirán: "Está bien", en lugar de alejarse.

Un entorno relacional positivo es más que recibir comentarios positivos de los demás. También significa dar a los demás una vibra positiva. No esperes poner vinagre en un vaso y luego usarlo para beber vino de calidad. Obtienes lo que siembras.

- **Tú decides**

Si te encuentras con una persona y te ofende, tu palabra aceptando una disculpa puede convertirse fácilmente en una defensa. Pero si además le permites expresar su pesar por su equivocación, tú podrás esgrimir la frase amable de "no te preocupes". Lo positivo engendra positivo. Si tu actitud hacia las personas es positiva, crea una compañía agradable para ti.

Aquí hay cuatro rasgos que debes cultivar para nutrir un entorno de personas positivas a tu alrededor:

- **Cultiva un yo positivo**

Construir una imagen positiva de uno mismo es más que un simple "efecto de sentirse bien". También tiene que ver con tu influencia sobre los demás.

Si no pierdes, no puedes disfrutar de las victorias - Rafael Nadal

Si eres una persona positiva, la gente te apreciará y te dará lo mejor de sí. La ley física "los opuestos se atraen" no se aplica aquí. La positividad atrae lo positivo.

- **Dale a la vida un sentido positivo**

Uno de los muchos errores de la sociedad moderna es darnos limones cuando buscamos naranjas. Presta atención al consejo: "Si el mundo te da limones, haz limonada". En cualquier caso, ser ese amigo o colega que comunica el rayo de luz al final de un túnel llevará a otros a ser igualmente positivos.

- **Dale una oportunidad a la gente**

Si hay algún contexto en el que se aplica la frase "no juzgues un libro por su portada", es en las relaciones. A veces etiquetamos a otros como 'aburridos', 'antisociales' o 'arrogantes'. Cuando los tenemos en frente, descubrimos lo injustos que fuimos. La sociología nos dice que "somos lo que pensamos que los demás piensan de nosotros". Si otros perciben una evaluación positiva de mi parte, probablemente me ofrecerán lo mejor de ellos mismos.

Si la oportunidad no llama, construye una puerta - Milton Berle

- **Da lo mejor de ti a los demás**

Todos tenemos defectos y, a veces, el mundo y sus demandas de supervivencia sacan lo peor de nosotros. Como jefe que entiende que alguien a veces llega tarde, necesitas desarrollar empleados que trabajen horas extra cuando se necesita hacer un trabajo urgente. Respiras aire positivo y te regresa de la misma manera. Sé positivo, la positividad es contagiosa.

5. Encuentra humor en el mal

El humor es una excelente manera de lidiar con el estrés y unir a las personas. No podemos controlar algunas cosas que nos suceden y comenzamos a culparnos por aquellas malas, sin darnos cuenta de que nos estamos volviendo más fuertes y de cómo estas cosas dan forma a nuestro futuro.

El humor te relaja y te hace olvidar lo malo por un rato. Cada comediante tiene algún tipo de pasado dramático. Descubrieron el sentido del humor y se convirtieron en comediantes porque sabían que la risa cura todo dolor. No te tomes la vida demasiado en serio

Cuando empiezas a tomarte la vida en serio, es bueno encontrar un poco de humor. Solo tenemos una vida, no importa la situación en la que nos encontremos, hay que disfrutarla, soltarse y empezar a disfrutar del momento. A veces la visión de la muerte nos recuerda cómo vivir al máximo.

A veces nos enamoramos de alguien que no es bueno para nosotros, sabemos que nos estamos comprometiendo cada vez más, pero al final nuestros corazones se rompen por culpa de esa persona. En ese momento siempre maldecimos nuestra suerte, se nos parte el corazón, pero tener un poco de humor en esos desgraciados momentos puede ser un paliativo para el dolor. Nuestros corazones se fortalecen y aprendemos a soportar. Y luego nos reímos por las noches cuando antes lloramos por tonterías.

No podemos cambiar lo que sucedió, pero podemos estar más tranquilos al encontrar un buen estado de ánimo y reducir el estrés. Debemos olvidar el pasado y tratar de no repetirlo.

Hay que trabajar duro

Es difícil encontrar sentido del humor en una mala situación. A veces las cosas pueden empeorar, así que recuerda siempre las cosas positivas y los buenos momentos que pasaste con tu familia y amigos en ese momento. Esto te ayudará a recuperarte y sanar tus heridas, y te alegrará enfrentar los problemas en lugar de dejar que te abrumen. Debemos desarrollar el hábito del humor. Esto se puede hacer de diferentes maneras. Primero, empieza a tomarte las cosas con calma y no te estreses por todo. En segundo lugar, comienza con la práctica regular en su lugar de trabajo o en tu hogar. Finalmente, busca aspectos claros del problema y sus soluciones.

Asegúrate de que colocas tus pies en el lugar correcto, y luego mantente firme - Abraham Lincoln

Aquí hay algunos consejos para ayudarte a mejorar tu estado de ánimo y sentirte bien en momentos de estrés:

El humor tiene aspectos tanto positivos como negativos. El humor positivo nos ayuda a reducir el estrés, pero el humor negativo, como las bromas de mal gusto, puede tener un efecto negativo. Esto reduce el apoyo social, dificulta la vinculación y aumenta los niveles de estrés.

Nadie quiere sentirse mal o triste cada vez que piensa en su pasado. Mirando hacia atrás, quieres ver cuál fue el problema principal porque nadie quiere llorar o preocuparse por los recuerdos del caso. Así que en vez de llorar o sentirte triste, date la oportunidad de aprender el poder del humor y encontrarlo en los momentos difíciles.

6. Centrarse en el presente

Si quieres vivir feliz, deja de preocuparte. Solo concéntrate en tu momento presente porque no tienes otra opción.

Debes vivir en el presente y no pensar en problemas negativos del pasado. Simplemente te devora y solo hace que tu futuro sea más miserable.

Pensar hacia adelante en lugar de hacia atrás liberará tu mente. Es posible que sientas dolor por una relación o trabajo pasado, pero no te ayudará a seguir adelante.

Puedes trabajar por tu futuro, pero no puedes cambiar tu pasado. Con esto en mente, no tiene sentido centrarse en lo que no puedes cambiar por lo que si vale la pena apostar.

Actualiza tus pensamientos

Si olvidas tu pasado, serás como un recién nacido que no sabe lo que es bueno o malo. Solo debes concentrarte en lo que estás haciendo ahora y disfrutar de la vida.

Así que vive el momento como un recién nacido. Tu pasado puede ser bueno o malo, pero no te detengas en él ni pierdas el tiempo. Pensar demasiado lejos también puede conducir a expectativas poco realistas. Esto puede hacer que te olvides de los pasos que debes seguir hoy y que te sientas frustrado.

El pasado es historia, el futuro es un misterio y el hoy es un regalo. Por eso se llama presente, y por eso debes disfrutar del presente. Si bien pueden ser clichés, siguen siendo ciertos. Enfócate en los momentos felices e ignora los errores. Esto te permitirá vivir una vida feliz y exitosa.

Respirar y concentrarse

La mejor manera de vivir una vida feliz es concentrarte en tus metas y olvidarte de lo que sucedió en el pasado. Ten confianza en tu desempeño porque pensar en el resultado esperado puede hacerte pensar demasiado.

Solo debes pensar en el pasado si quieres aprender de tus errores. Como siempre decimos, también puedes convertirlo en algo positivo para cambiar tu comportamiento en el futuro.

Solo puedes controlar lo que sucede ahora. Deja ir el dolor del pasado y sé feliz con lo que tienes ahora. Mucha gente está obsesionada con la vida "perfecta", pero no es así.

No te emociones con el futuro

Es fácil invertir demasiado tiempo y energía en el futuro. Pensamientos como "esto me hará feliz" pueden ser peligrosos porque muestran que no aprecias lo que tienes ahora. Establecer metas puede ayudar, pero solo si se hacen de manera constructiva. Siempre necesitas algún plan para el futuro, pero mirar siempre hacia el futuro puede interponerse en el camino de tu felicidad presente. El equilibrio es necesario para apreciar el presente, aprender de los errores y hacer planes. Hagas lo que hagas, busca siempre los aspectos positivos del momento presente. No necesitas ser rico o tener posesiones materiales para ser feliz.

La mejor manera para empezar es callándote y empezar a hacer - Walt Disney

Encuentra lo que te hace feliz en este momento y trabaja en ello. Tener esto en cuenta te pondrá en un estado de ánimo más positivo.

7. Dale la vuelta a la negatividad

¿Has escuchado la frase "tu mente te matará"? Bueno, esta afirmación es más precisa de lo que la mayoría de la gente piensa. Lo que piensas, negativo o positivo, puede cambiar tu vida y la persona en la que te conviertes. Esta es la razón por la cual el diálogo interno negativo es tan peligroso. Lo que dices es lo que terminas obteniendo. Sin embargo, debe reconocerse que cambiar el cerebro al pensamiento positivo no es una tarea fácil. Esto requiere un compromiso total o los pensamientos negativos ganarán. Entonces, ¿cuál es la forma correcta de cambiar tu mentalidad?

Si te caes siete veces, levántate ocho - Proverbio chino

- **Empieza a perdonarte a ti mismo**

La mayoría, si no todos, hemos intentado afirmaciones positivas. Si aún no lo has hecho, todas estas son palabras que se utilizan para desarrollar el pensamiento positivo.

Aquí es cuando te dices que no te consideras un perdedor, sino que te dices a ti mismo: "Soy un ganador". No hay nada de malo en ello. Sin embargo, debes comprometerte a admitir tus defectos y perdonarte a ti mismo. Perdónate por pensar que eres un fracaso. Perdónate por avergonzarte. Reconocer las cosas que te molestan pueden reducir la tensión. Una vez que eso suceda, puedes comenzar a trabajar para transformarte a sí mismo y a tus pensamientos en positivos. Enfócate en avanzar, no en subir de nivel

Una de las razones del diálogo interno negativo es la creencia de que eres inadecuado. Te enfocas en lo que estás haciendo mal en lugar de darte cuenta de que estás haciendo algo. No es suficiente decirte a ti mismo: "Soy sabio e inteligente". Tienes que demostrar lo inteligente que eres dando un paso para lograr tu objetivo. Comienza a creer que eres inteligente y deja que se muestre en cada pequeña cosa que hagas. Olvídate de ser perfecto, porque la perfección se puede lograr en varias pruebas imperfectas. Aprende desde los primeros pasos que das y estarás en tu camino.

- **Tomar las críticas de manera positiva**

La crítica es parte de la vida de todos. Puede provenir del trabajo, la familia y los amigos, pero no dejes que se convierta en algo negativo en tu vida. Que alguien critique tus acciones, lo que dices o haces, no significa que dejes de creer en ti mismo. Significa mirarte a ti mismo y decidir si hay una manera de mejorar. Evita ponerte en modo defensivo, ya que te detendrá y te mantendrá pensando. Acepta las correcciones, y si la otra persona comete un error, puedes estar seguro de que hiciste lo mejor que pudiste.

- **No hagas un escándalo**

La última y más importante forma de transformar tus pensamientos en positivos es dejar de buscar negatividad donde no la hay. Si ya tienes un pensamiento negativo en tu mente, acéptalo y enfréntalo. No vayas a buscarlo. Esto permite que tu cerebro se involucre automáticamente en el pensamiento positivo. Empiezas a sentirte seguro y tu autoestima aumenta.

La mejor manera de convertir una conversación negativa en una positiva es reconocer tus sentimientos en lugar de reprimirlos. Haz una pausa para explicar que no has resuelto el problema, solo estás poniendo un escudo frente a él. Cuando bajas la guardia, todo se desmorona. Detente, analiza, comprende y en definitiva transfórmate.

Finalmente

Como hemos visto aquí, estos consejos te obligan a ser proactivo en tu pensamiento y tomar medidas positivas que te ayudarán a traer más alegría. Puede ser difícil cambiar a las personas que te rodean o encontrar el humor en una mala situación, pero todo ayuda.

Otro aspecto importante es la necesidad de paciencia. Los hábitos son difíciles de romper, así que no te desanimes si tienes dificultades al principio. Continúa practicando estas técnicas y alcanzarás niveles más altos de paz y felicidad. Todo lo que queda es desearte suerte en tu viaje hacia una mentalidad más positiva. Esto te hará más feliz y tendrás más probabilidades de éxito en todas las áreas de tu vida.

Capítulo 5
Manda en tu vida

Tener el control de la propia vida significa tener la
capacidad de tomar decisiones y actuar de acuerdo a
las propias metas y valores, en lugar de dejar que otros
lo hagan por uno. También implica tener la capacidad
de manejar las dificultades y los desafíos que se
presenten de manera efectiva y adaptarse a los
cambios.

Tu vida es tu creación. Nadie es responsable de eso
excepto tú y solo tú. Tú eres el conductor detrás del
volante; y la dirección o el camino que elijas es siempre
tu decisión. Pero, ¿cómo pones tu vida en el camino
que quieres? ¿Cómo moldeas tu destino? En este
último capítulo, puedes aprender todo lo que necesitas
para tomar el control total de tu vida.

Comienza tu viaje para tomar el control de tu vida

¿Alguna vez has observado la vida de quienes te rodean
y te has preguntado cómo les iba cuando la tuya
parecía estar un poco apagada? Si es así, es hora de
tomarse en serio tu vida, y comenzar a hacer cambios
y ser responsable.

Muchas personas hacen el mismo trabajo todos los
días y lo disfrutan… otros, no. Si no puedes evitar
pensar en cómo estás desperdiciando tu potencial e
inconscientemente anhelas más estimulación y

actividad, es hora de hacer algunas modificaciones positivas en tu sistema.

Si sabes que te encuentras en una situación incómoda e intranquila, es posible que hayas elegido tomar el asunto en tus propias manos y trabajar hacia metas más ambiciosas, aunque eso acarree algún temor. Si eso es lo que estás pensando en este momento, entonces es importante que no dejes que el impulso de la situación te oprima. Nunca trates de poner excusas o racionalizar por qué no has alcanzado tu máximo potencial. Si tienes ese fuego ardiente dentro de ti y sabes que eres capaz de algo, asegúrate de no dejar que esa habilidad se desperdicie. Para ayudarte a determinar si estás realmente feliz, cómodo y satisfecho con tu situación actual, primero responde algunas preguntas:

• ¿Eres de los que intentan a medias y luego se dan por vencidos? ¿Has aprendido algunas habilidades y has comenzado algunos cursos, pero nunca los has utilizado?

• ¿Odias que te empujen o te apresuren? ¿Siempre llegas tarde con la entrega de tus proyectos, y nunca te molestas por los retrasos?

• ¿Te gusta prepararte mucho para viajes o sueñas mucho con reformas en casa?

• ¿Eres adicto al pasado y extrañas los buenos tiempos?

• ¿Sientes que tienes un tiempo muy limitado para hacer lo que quieres, pero aun así pasas horas sin hacer nada o caminando como un muerto viviente?

• ¿Te gusta ver la vida de los ricos y famosos? ¿Alguna vez te has preguntado por qué tienes un deseo tan ardiente de conocer los detalles de la vida de otras personas cuando solo quieres llenar los vacíos en la tuya de la misma manera?

• ¿Has soñado con hacer algo constructivo, pero nunca te atreviste a hacerlo?

Cuando la respuesta a varias de estas preguntas es afirmativa, es hora de empezar a pensar qué puedes hacer para romper tu inercia, dejar de quejarte y tomar el control de tu vida. Toma las riendas de tu existencia y serás tú quien decida tu situación actual; y cuando lo logres, verás que un aura de poder te rodea, y serás imán de miradas. Debes aprender a dejar de bromear y comenzar a darte cuenta de que tu seguridad costera puede estar más en riesgo de lo que piensas.

Conoce los diferentes tipos de motivación

¿Qué hace que la gente haga lo que hace? ¿Por qué algunas personas tienen éxito y otras fracasan? La verdadera respuesta a esto probablemente se encuentra en su motivación.

Incluso desde una edad temprana, has aprendido que la motivación es lo que te impulsa a aprender y exhibir comportamientos que te llevan a nuevos éxitos. A medida que pasas por diferentes etapas de la vida a medida que maduras y envejeces, también aprenderás lo que motiva y lo qué no.

Definición de motivación

En general, la motivación se define como las fuerzas que animan a las personas a actuar. Te hace trabajar duro y te impulsa hacia el éxito. Esto puede afectar en gran medida tu comportamiento y tu capacidad para lograr tus objetivos. La motivación toma muchas formas, cada una de las cuales influye en el comportamiento humano. Ningún tipo particular de motivación funciona para todos. Todos tienen una personalidad diferente y buenas intenciones que influyen en sus acciones.

Tipos de motivaciones:

• **Miedo**: este tipo de motivación tiene consecuencias y suele utilizarse cuando falla el impulso motivacional. Las consecuencias negativas o los castigos forman parte de esta categoría. A menudo se utiliza tanto para motivar a los estudiantes en el sistema educativo como así también hacia los empleados. Se castiga de alguna manera si se rompen las reglas o si no se cumplen los objetivos marcados.

• **Incentivo**: Este tipo de motivación incluye tanto recompensas monetarias como no monetarias. Muchas personas están motivadas cuando saben que serán recompensadas cuando alcancen sus metas. Las promociones y los bonos son buenos ejemplos de este tipo de motivación.

• **Crecimiento**: La necesidad de superación personal es un impulso inherente. Un fuerte deseo de comprenderse mejor a sí mismo y al mundo que te rodea puede ser un poderoso motivador. Las personas naturalmente se esfuerzan por crecer y aprender. El deseo de crecer se manifiesta en la voluntad de una persona en cambiar. Hay muchas personas cuya naturaleza o educación es tal que siempre están buscando el cambio, tanto en sus conocimientos como en sus circunstancias internas o externas. El estancamiento se percibe como indeseable y negativo.

• **Logro:** La motivación de logro, también conocida como impulso competitivo, es lo que lo que te empuja a alcanzar tus metas y asumir nuevos desafíos. Aquí es cuando deseas mejorar tus habilidades y mostrárselas no solo a los demás sino también a ti mismo. Por lo general, este sentido de logro es algo interno.

Solo aquellos que se arriesgan a ir demasiado lejos pueden descubrir lo lejos que pueden llegar - T.S. Eliot

• **Social:** Muchas personas están motivadas por diversos factores sociales. De hecho, puede ser un deseo de ser aceptado o pertenecer a un determinado grupo de pares, o de conectarse con otros en su entorno o en el mundo en general. Tienes una necesidad innata de sentirte conectado con los demás, una necesidad de conexión y aceptación. La pasión y el deseo genuino de contribuir a la vida de los demás y hacer algo diferente también pueden ser otra forma de esta motivación social. Si tienes el deseo de contribuir con el mundo que te rodea, es una señal de que el elemento social es lo que te mueve.

• **Poder**: El motivo de poder puede tomar la forma de un deseo de controlar a otros o un deseo de autonomía. Quieres tener el control de tu vida y tomar decisiones. Es difícil para ti manejar cómo vives ahora y cómo vivirás en el futuro. Además, algunas personas quieren controlar a quienes las rodean. Algunas personas tienen un mayor deseo por ello que otras. En algunos casos, este deseo de poder puede llevar a las personas a involucrarse en conductas inmorales, ilegales o dañinas. En algunos casos, el deseo de poder puede ser tan simple como el deseo de influir en el comportamiento de otras personas. En algunas situaciones, el anhelo de poder es tan simple como el deseo de afectar el comportamiento de los demás. Es cuando solo quieres que la gente haga lo que tú quieras según tu horario y cómo quieres que se hagan las cosas.

Al identificar tu motivación, podrás identificar los tipos específicos que sean más efectivos para movilizar el comportamiento que deseas, tanto en ti como en los demás.

Organiza tus objetivos

Cuando decidas definir tus metas en la vida, definitivamente tendrás algunas dificultades al principio. Hay una buena probabilidad de que olvides las metas que te propusiste. También tendrás dificultades para recordar las pequeñas metas que debes lograr para lograr las grandes. O podrías pensar que realmente no estás progresando tan solo porque no has escrito nada. Planear y organizar tus objetivos definitivamente te ayudará a alcanzarlos más rápido mientras ves el progreso que has logrado.

El universo no conspira contra ti, pero tampoco se desvía para alinear tu camino - Tim Ferriss

Pasos hacia las metas organizacionales

Entonces, ¿cómo funciona una organización objetivo? ¿Qué estás intentando lograr?

Primero, acepta y reconoce que las metas educativas, financieras y profesionales requieren más tiempo y energía que otras metas. Si tienes objetivos de acondicionamiento físico como ponerte en forma, ganar músculo y perder peso, también debes considerar tu salud. Siempre consulta a tu médico antes de probar cualquiera de estos. Al organizar tus objetivos, debes comenzar primero con los objetivos más fáciles, como hacer algo que disfrutas o cambiar alguna actitud menor. Además, nunca tengas miedo de pedir ayuda. Puedes dejar que otras personas sepan tu propósito, especialmente si es contribuir a causas humanitarias, hará que otros quieran ayudar. Enumera todos los objetivos en orden de importancia y crea una tabla separada para cada objetivo con los objetivos más pequeños necesarios para lograrlo. Asegúrate de tener una lista de tus metas y todo lo que necesites para alcanzarlas en un solo lugar. Tu dispositivo móvil es probablemente un buen lugar para almacenarlos, pero otros dispositivos portátiles también son útiles.

Maneras de lograr tus metas todos los días

• **Debes saber exactamente lo que quiere lograr**. Si no sabes qué es eso realmente, nunca podrás avanzar hacia tus objetivos. Asegúrate de que la imagen sea clara. No es suficiente solo querer un "mejor trabajo", asegúrese de tener una comprensión clara del trabajo que deseas y por qué será mejor que tu trabajo actual. No basta con aspirar a ser independiente; en cambio, debes tener una idea más clara de lo que quieres hacer y cómo mejorará tu vida.

• **Asegúrate de pasar tiempo visualizando el éxito**. Para obtener claridad sobre tus objetivos, es una buena idea pasar un tiempo visualizando tu camino hacia ellos. Mantén tantos detalles en tu cabeza como sea posible y tómate el tiempo para escribir tus objetivos en detalle. Cuando te sientas deprimido, trata de ir a un lugar tranquilo por un rato y usa ese tiempo para visualizar el éxito de tus esfuerzos.

• **Alegría por lograr sus metas.** El siguiente paso para lograr tus metas es conectarte con la gran alegría que experimentarás cuando las alcances. Este puede ser un proceso de salida natural para la segunda visualización. Debes considerar cómo te sentirás cuando tengas éxito, cómo será tu vida ¿Qué felicidad obtendrás? ¿Cómo vas a celebrar? Haz que este sentimiento de alegría sea lo más real y profundo posible. Cuando se asocia más alegría con el logro de una meta, se vuelve más fácil salir de la zona de confort y hacer lo que sea necesario para lograrlo.

• **Asociar un dolor insoportable con el fracaso**. Otra fuerza motriz que te impulsa a lograr tus metas es el dolor que sentirás cuando no las alcances. En la universidad, es un incentivo que alienta a los estudiantes a escribir sus tareas con anticipación, ya que el fracaso es un verdadero dolor para ellos. ¿Qué dolor te espera cuando no alcanzas tus metas? ¿Qué no entendiste? ¿Cómo se verá para los demás? ¿Cómo quieres verte a ti mismo? Asegúrate de que el dolor esté claro en tu mente y luego utilízalo para impulsarte a la acción. Recuerda siempre que nunca puedes evitar el dolor, pero utilizarlo para impulsarte es positivo.

• **Haz cosas importantes todos los días para alcanzar tus metas**. Comienza por identificar los pasos más importantes que necesitas tomar para lograr tus objetivos. Puedes dividir cada objetivo en pasos y luego dividirlos en las actividades necesarias para alcanzarlos. Es importante hacer algo de tu lista todos los días. Esto significa que incluso en los días en que estás ocupado con otras cosas, cuando estás cansado o cuando algo inesperado ocupa tu tiempo, debes encontrar una manera de ayudarte a ti mismo a hacer algo que te haga avanzar. No importa cuán simple sea la acción, te ayudará a seguir adelante.

• **Asegúrate de que tus metas estén siempre en el fondo de tu mente**. No es suficiente tener una idea clara del punto final en tu cabeza, debe permanecer en tu mente. Hay muchas maneras de recordar tus objetivos. Una buena idea es crear una historia con imágenes de las cosas que deseas. También puedes usar el sistema de calendario para configurar recordatorios que te ayuden a concentrarte en lo que sueñas.

Los obstáculos son esas cosas atemorizantes que ves cuando apartas los ojos de tu meta - Henry Ford

- **Utilizar la gestión del tiempo**

Obtener el momento adecuado es imprescindible si deseas tener el control total de tu vida. El tiempo en sí mismo es vida, debes comprender la importancia de la gestión del tiempo. Si tú eres una de esas personas que tiende a dar por sentado el tiempo, probablemente te estés preguntando por qué la administración del tiempo es importante. Pero, ¿sabías que es la habilidad más importante que debes aprender y dominar si sueñas con tener éxito en el futuro? Sin gestión del tiempo, la aleatoriedad se apoderará de tu vida. Nunca vivirás tu vida, harás lo que los demás quieren que hagas. Al aprender y practicar la gestión del tiempo, serás tú quien tenga el control y puedas decidir exactamente a dónde quieres ir. Al practicar la gestión del tiempo, seguramente disfrutarás de muchos beneficios. Una vez que lo domines, podrás trabajar más duro, jugar más y aprender más rápido que nunca.

Importancia de la gestión del tiempo en tu vida:

- **Puedes conseguir horas extra**

Al planificar tu tiempo adecuadamente, tendrás horas extra para trabajar. Serás más disciplinado en el trabajo en lugar de perder un tiempo precioso chateando con amigos o navegando sin rumbo por la web. Imagina tener una hora extra en el trabajo todos los días. Esto equivale a cinco horas adicionales en tu semana laboral, o alrededor de 250 horas en el transcurso de un año. Esto significa que trabajas en tu futuro seis semanas adicionales al año.

- **Mejora tu productividad y eficiencia**

Al programar tu tiempo, podrás hacer más cosas al mismo tiempo que los demás. Cuando haces más trabajo, también aprendes más, por lo que obtienes más experiencia que otra persona que dedica la misma cantidad de tiempo.

Podrás aprender más rápido cómo hacer las cosas más rápido. Estarás más concentrado, lo que te permitirá abocarte más a cada tarea que tengas entre manos. Progresarás más rápido que si no utilizas tus habilidades de gestión del tiempo. Tendrás más diversión y más tiempo libre.

Si amas la vida, es imprescindible que pongas en práctica la gestión del tiempo. Es porque esto te dará la oportunidad de disfrutar al máximo, haciendo las cosas que deseas hacer y experimentar. Debido a que tu tiempo de trabajo será más eficiente, trabajarás menos y lograrás más. Esto luego conduce a más tiempo libre donde puedes pasar tiempo con tu familia y hacer tus actividades de ocio favoritas. Al mismo tiempo, también aprenderás la esencia de una buena relajación, lo que te conducirá a un mayor placer y más energía para lo que gustes hacer.

- **Ganarás más control sobre tu vida.**

La última ventaja, pero ciertamente no la menos importante, de usar la gestión del tiempo es que tendrás un control total sobre tu estilo de vida, o simplemente, tendrás el control total de tu vida. Tienes una mejor comprensión de lo que puedes hacer y qué debes hacer.

Te vuelves más organizado y evitas que los plazos se conviertan en un problema. Nunca tendrás una fecha límite y, en cambio, pasarás más tiempo relajándote mientras los demás todavía están estresados por sus compromisos.

Nunca tengas miedo de apegarte a tu tiempo, porque, de hecho, es exactamente lo contrario. Tendrás más libertad porque, serás menos dependiente de eventos externos para controlar tu tiempo. Con la gestión del tiempo, te conviertes en tu vida, no en la de otra persona.

No llegues tarde

La procrastinación ha sido durante mucho tiempo una palabra negativa, y por una buena razón. La procrastinación nunca es algo bueno, y ahora hablaremos de las desventajas de este rasgo.

La procrastinación y sus diversos efectos negativos en tu vida

La procrastinación a menudo hace que pospongas las tareas hasta el último minuto. Si el miedo al éxito o al fracaso te pone ansioso cuando te enfrentas a una tarea abrumadora, imagina la ansiedad que sientes cuando vence tu tarea crítica, pero aun así no la terminas porque la postergas. Imagina que tienes que hacer varias tareas más o menos al mismo tiempo. No hay duda de que el nerviosismo es lo primero que sientes cuando piensas en las situaciones en las que has estado o estarás por malas decisiones. Por diversas razones, las personas tienden a procrastinar una y otra vez hasta el último minuto, y cada vez que procrastinan, la misma tensión siempre abruma su cuerpo. Es importante para tu salud mental, emocional y física dejar de procrastinar. Sus consecuencias pueden dañar tu vida y dejarte vulnerable a varias consecuencias si no tienes cuidado.

Los efectos negativos de la procrastinación en tu vida personal

Es extremadamente poco saludable para ti continuar poniendo tu cuerpo bajo este tipo de estrés, ya que no solo es poco saludable, sino que también genera un estrés innecesario en tus relaciones. La investigación muestra que la ansiedad puede dañar tu sistema inmunológico, haciendo que tu cuerpo sea vulnerable a infecciones y enfermedades. Cuando estás nervioso por las cosas, pierdes tu capacidad de concentración, lo que aumenta tus posibilidades de involucrarte en varios accidentes. Cuando decides posponer las cosas en lugar de lidiar con ellas, lo que realmente estás haciendo es crear más trabajo para el futuro. Cuando tienes más trabajo por hacer, te sientes más estresado por la labor pendiente que aún queda por hacer. Debes saber que el hecho de que evites la tarea hoy significa que tendrás que hacerla al día siguiente, la que se sumará a la que se corresponde para mañana.

Algunas personas creen que cuando se van a dormir por la noche, al despertarse al día siguiente, realizan tareas como magia. Pero hay que recordar que las cosas no funcionan de esa manera. En cambio, se despiertan con más estrés en comparación con el día anterior. Esta ansiedad o estrés que sienten durante un largo período de tiempo puede provocar muchas más afecciones, como depresión y otras enfermedades mentales.

Mientras que el estrés moderado puede ser algo bueno, haciéndote más competitivo y alentándote a ser más innovador, también puede llevarte sin querer a un hospital psiquiátrico. Si no aprendes a lidiar mejor con el estrés, te puede conducir a la depresión y a problemas mentales similares que dificulten tu realidad.

Cuando te convences de posponer las cosas, en realidad no estás haciendo nada, te estás engañando a ti mismo pensando que otras cosas son más importantes que lo que deberías estar haciendo en este momento. Una razón común para distraerte fácilmente es la falta de autocontrol.

Para aprovechar al máximo tu vida, debes aprender a tener más control de ti mismo, especialmente cuando se trata de tus finanzas personales. Posponer el pago de sus cuentas puede generarte una deuda creciente que impacte en tu calidad de vida. Esta deuda puede afectarte no solo a ti, sino también a tus hijos y a toda tu familia. En el caso de deudas incobrables, existe el riesgo de que estas deudas se transfieran a tus hijos, creando responsabilidad para ellos. Por supuesto, esta no es una carga que quieras imponerles irresponsablemente. Si no pagas tu hipoteca a tiempo, la compañía hipotecaria o el banco la ejecutarán.

Los efectos negativos de la procrastinación en otras áreas de la vida

Los efectos negativos de la procrastinación no solo se centran en tus finanzas, también pueden tener graves consecuencias para tu salud. ¿Cuántas veces has escuchado historias de otras personas que evitan ir al médico por el miedo a recibir una mala noticia? Es solo una consecuencia necesaria de ir al médico y luego enterarse de algo grave; pero también es una posibilidad de saber el tratamiento disponible para mejorar la salud.

También hay historias en las que una persona afortunadamente fue al médico en el momento adecuado, supo que necesitaba ayuda de emergencia y llegó a tiempo. También hay situaciones en las que no tienes tanta suerte. Todo el mundo duda en un grado u otro, pero es importante asegurarse de que no conduzca a nada que ponga en peligro la vida.

También puedes notar los efectos de la procrastinación en tu trabajo. Las consecuencias son tan graves como el despido por no cumplir con las obligaciones laborales a tiempo.

Si pospone tareas, te esperan serias complicaciones. Por ejemplo, puedes ser visto como incompetente, poco confiable o simplemente perezoso. Si tienes una responsabilidad en el trabajo, es imperativo que cumplas con esta responsabilidad lo mejor que puedas, por el bien de la integridad y por el bien de tus relaciones con colegas y compañeros de trabajo. Hay muchas cosas que necesitas hacer en tu vida para asegurarte de que estás funcionando todos los días. Estas tareas pueden variar desde cosas simples hasta ducharte o pagar facturas. Sin embargo, no importa cuán trivial pueda parecer la tarea, es importante evitar la procrastinación tanto como sea posible. Puedes estar 100% seguro de que postergar tus tareas casi siempre conducirá a varios problemas inesperados. Entonces, mientras tienes otras cosas que hacer además del trabajo por delante, enfrenta los desafíos.

Usa la autodisciplina

¿Cuál es la verdadera esencia de la autodisciplina en tu vida? ¿Cómo te ayuda a alcanzar tus metas y tomar el control total?

La importancia y los beneficios de la autodisciplina

Una de las habilidades más útiles e importantes que todos deberían tener es la autodisciplina. Esta habilidad es esencial en casi todos los aspectos de la vida humana, y aunque la mayoría de las personas son conscientes de su importancia, pocas toman medidas para fortalecerla. Contrariamente a la creencia popular, este rasgo no se trata de darse un gusto o vivir un estilo de vida restringido. La autodisciplina es autocontrol, un signo de fuerza interior, control total sobre las propias reacciones, acciones y todo el ser. La autodisciplina te da la capacidad de apegarte a tus decisiones y cumplirlas sin cambiar de opinión, por lo que se convierte en uno de los requisitos más importantes para lograr tus objetivos.

Con esta habilidad, puedes mantener todos sus planes y resoluciones hasta lograrlos. También se manifestará como tu fuerza interior para ayudarte a combatir la adicción, la pereza, la procrastinación y hacerte hacer lo que sea que hagas.

Una de sus principales características es la capacidad de renunciar al placer y la satisfacción inmediata en favor de mayores beneficios que requieran más tiempo y esfuerzo para alcanzar. Hay muchos problemas y desafíos en la vida que pueden bloquear tu camino hacia los logros y el éxito; superarlos todos requiere persistencia, lo que por supuesto requiere autodisciplina.

La autodisciplina aumenta la autoestima y la confianza, por lo que allanarás el camino para la satisfacción y la felicidad en tu vida.

Por el contrario, la falta de autodisciplina puede conducir a fracasos, reveses, problemas de salud y de relación, obesidad y otros problemas. También es una habilidad que puede ayudar a superar las adicciones, los trastornos alimentarios, la bebida, el tabaquismo y otros hábitos nocivos. Es importante hacer ejercicio físico, sentarse y estudiar, desarrollar nuevas habilidades y crecer espiritualmente, meditar y mejorar. Como se mencionó anteriormente, la mayoría de las personas son conscientes de los beneficios y la importancia de la autodisciplina, pero pocas toman medidas reales para desarrollarla y fortalecerla. Pero puedes mejorar esta habilidad como cualquier otra habilidad. Esto se puede hacer con los ejercicios y el entrenamiento correcto, que puedes encontrar fácilmente en una variedad de fuentes.

En resumen, la autodisciplina te ayudará a:

• Evitar acciones impulsivas y apresuradas.

• Superar la procrastinación y la pereza.

• Cumplir las promesas que te hagas a ti mismo ya los demás. Es por eso que:

• Ve al gimnasio, camina y nada, incluso si tu mente te dice que te quedes en casa y te sientes frente al televisor.

• Seguir trabajando en el proyecto incluso después de que haya pasado la ola inicial de entusiasmo.

• Continúa con la dieta, evita caer en atracones.

• Levántese temprano cada mañana.

• Medita regularmente.

• Comienza un libro y lee hasta la última página.

Siempre recuerda:

"Los débiles no luchan. Los más fuertes quizás luchen una hora. Los que aún son más fuertes, luchan unos años. Pero los más fuertes de todos, luchan toda su vida, éstos son los indispensables".

######